带着文化游名城

# 老武汉记忆

李世化 编著

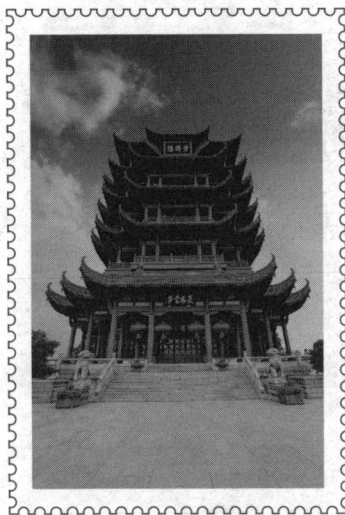

黄河出版传媒集团
阳光出版社

图书在版编目（CIP）数据

老武汉记忆 / 李世化编著. —— 银川：阳光出版社，
2025.5. —— (带着文化游名城). —— ISBN 978-7-5525
-7705-1

Ⅰ. K296.31-49

中国国家版本馆CIP数据核字第20253Y428N号

带着文化游名城

# 老武汉记忆

李世化 编著

责任编辑　李媛媛
封面设计　尚世视觉
责任印制　岳建宁

黄河出版传媒集团
阳　光　出　版　社　出版发行

出 版 人　薛文斌
地　　址　宁夏银川市北京东路139号出版大厦（750001）
网　　址　http://ssp.yrpubm.com
网上书店　http://shop129132959.taobao.com
电子信箱　yangguangchubanshe@163.com
邮购电话　0951-5047283
经　　销　全国新华书店
印刷装订　河北翔驰润达印务有限公司
印刷委托书号　（宁）2500302

开　　本　710 mm×1000 mm　1/16
印　　张　13
字　　数　200千字
版　　次　2025年5月第1版
印　　次　2025年5月第1次印刷
书　　号　ISBN 978-7-5525-7705-1
定　　价　58.00元

# 前　言

　　名字是城市文化的载体，一个流传长远的名字，背后的城市一定有着深厚的文化底蕴。

　　武汉历史悠久，作为国家级的历史名城，武汉是中国楚文化的发祥地，距今6000年的新石器时代已有先民在此繁衍生息；北郊黄陂县（今黄陂区）发现的盘龙城遗址距今有3500年的历史，是商朝方国宫城。这也说明武汉的建城史可能比北京和西安还要悠久。

　　春秋战国时期，武汉属于楚国范畴，这是关于武汉最早的文字记载。俞伯牙与钟子期"高山流水遇知音"的典故就发生在这里。至今，汉阳仍存有古代留下的古琴台、钟子期墓等建筑遗迹和"琴断口"等历史地名，武汉也因此被称为"知音"故里。

　　武汉正式有县制，始于西汉，为江夏郡沙羡县地。东汉末年，在今汉阳先后兴建却月城和鲁山城，在今武昌蛇山兴建夏口城。当时刘表任荆州牧时，黄祖为江夏太守，将郡治设在位于今汉阳龟山的却月城中。却月城成为武汉市区内已知的最早城堡。223年，东吴大帝孙权在今武昌蛇山修筑夏口城，同时在城内的黄鹄矶上修筑瞭望塔，取名"黄鹤楼"。南朝时，夏口城扩建为郢州，成为其治所。

　　隋朝置江夏县和汉阳县，分别以今武昌、汉阳为治所。唐时江夏（今武昌）和汉阳分别升为鄂州和沔州的州治，成为长江沿岸的商业重镇。江城之称也始于隋唐。

两宋时期武昌属于鄂州，汉阳、汉口属汉阳军。南宋抗金将领岳飞驻防鄂州八年。至1281年，武昌成为湖广行省的省治，它第一次成为一级行政单位的治所。

明代，朱元璋第六子朱桢被分封到武昌做楚王。成化年间汉水改道从龟山以北汇入长江，到嘉靖年间在汉水新河道北岸形成新兴的汉口镇。明末清初汉口镇与朱仙镇、景德镇、佛山镇并称天下"四大名镇"，汉口镇也被称为"楚中第一繁盛处"，成为全国性水陆交通枢纽，享有"九省通衢"的美誉。

清末洋务运动促进了武汉的工业兴起和经济发展，使其成为近代中国重要的经济中心。武汉是中国民主革命的发祥地，武昌起义作为辛亥革命的开端，具有重要的历史意义。

1949年，武汉三镇解放，武汉市人民政府成立。

如今的武汉不仅是湖北省省会，也是中部六省唯一的副省级市和特大城市，更是全国重要的工业基地、科教基地和综合交通枢纽。武汉之所以在国内有这么高的地位，是因为武汉有优越的地理位置，地处江汉平原东部、长江中游。作为世界第三大河的长江及其最大支流汉江横贯市境中央，将武汉中心城区一分为三，形成武昌、汉口、汉阳三镇隔江鼎立的格局。

武汉有"九省通衢"之称，是中国内陆最大的水陆空交通枢纽，全国首个综合交通枢纽研究试点城市，高铁网辐射大半个中国，拥有53条国际直达航线，是华中地区唯一可直航全球四大洲的城市。

武汉是古老的，有着悠久的历史和厚重的文化底蕴；武汉是现代的，有着出色的交通和飞速发展的经济；武汉更是魅力四射的，有着浪漫文艺的氛围和轻松舒适的环境。享有这么多美誉的武汉，是一个让人向往、让人流连忘返的城市，《带着文化游名城——老武汉记忆》带着我们一起了解武汉的历史，武汉的山水文化，武汉的美食特产等，如果你正准备去武汉游玩，那就更应该跟我们一起走进这本书，走进武汉。

# 目 录

∽ 开 篇 ∾

**出行前的准备**

武汉的历史 ...................................................................... 3

武汉的特色 ...................................................................... 5

武汉最佳的旅游季节 ........................................................ 7

来武汉需要了解的方言 .................................................... 8


∽ 武汉的历史与城门楼 ∾

**武汉的历史文化**

黄鹤楼是孙权建的吗 ......................................................... 12

武汉为什么叫江城 ............................................................ 15

岳飞曾在武汉驻防过吗 ...................................................... 16

汉口为什么被誉为"东方芝加哥" ...................................... 18

武汉是辛亥革命的首义之地吗 ........................................... 19

汉口为什么被称为"茶叶港" ………………………………… 20

武汉最早的城址在哪里 ……………………………………… 22

却月城是武汉历史上第一座军事城池吗 …………………… 22

卢汉铁路的开通给武汉经济带来了什么影响 ……………… 23

武汉的市花为什么是梅花 …………………………………… 23

## 武汉的城门楼

武汉曾有几座城门 …………………………………………… 25

武汉现存的古城门有哪些 …………………………………… 26

武汉最重要的城门是哪座 …………………………………… 27

拆除武昌古城垣的原因是什么 ……………………………… 28

武昌城门外的"四局"是哪四局 …………………………… 29

武胜门曾经是叫草埠门吗 …………………………………… 30

北伐军曾经是从保安门入城的吗 …………………………… 30

小东门为什么叫忠孝门 ……………………………………… 31

## 武汉的街桥与地名

### 武汉的街桥

"江城第一街"是哪条街 …………………………………… 34

武汉的"摩登街"是哪条 …………………………………… 35

武汉的"华尔街"在哪里 …………………………………… 36

东湖路真的像一条"天街"吗 ……………………………… 37

解放公园路曾经叫渣甸路吗 ………………………………… 38

香港路为什么被称为汉口"小香港" ……………………… 39

鹦鹉大道上的"四个时代"是什么 ………………………… 40

武汉最浪漫的街道在哪里 …………………………………… 40

被称为"现代版的清明上河图"的是哪条街 ……………… 41

武汉最小资的街道在哪里 …………………………………… 41

"楚天第一路"是哪条路 …………………………………… 42

武汉十座长江大桥之最 ............................ 43

六渡桥背后有着怎样的故事 ........................ 46

## 武汉的地名

户部巷是怎么来的 ................................ 48

昙华林的名字和昙花有关吗 ........................ 48

四官殿供奉的是哪四官 ............................ 49

巡司街有着怎样的传说 ............................ 50

"三层楼"是楼吗 ................................ 50

水果湖里有水果吗 ................................ 51

丹水池有着怎样的传说 ............................ 51

司门口的范围有多大 .............................. 52

姑嫂树是棵树吗 .................................. 53

阅马场有马吗 .................................... 53

积玉桥原名是什么 ................................ 54

舵落口有着怎样的神话传说 ........................ 55

琴断口名字是怎么来的 ............................ 55

你知道集家嘴原名是接驾嘴吗 ...................... 56

分金炉是冶炼金子的地方吗 ........................ 56

广埠屯的名字是怎么来的 .......................... 57

太子湖有着怎样的神奇传说 ........................ 58

升官渡有着什么样的历史典故 ...................... 59

取水楼有着怎样的故事 ............................ 59

操场角是操场吗 .................................. 60

## 武汉的节日习俗与民俗文化

### 武汉的节日习俗

武汉过年有哪些习俗 .............................. 62

武汉的中秋节有哪些习俗 .......................... 63

武汉人过冬至有哪些讲究 ……………………………… 66

武汉渡江节是为纪念谁的 ……………………………… 67

甘蔗节有着怎样的传说 ………………………………… 68

武汉的中元节有什么习俗 ……………………………… 69

## 武汉的民俗文化

武汉婚嫁有哪些习俗 …………………………………… 70

武汉人饮食有哪些习惯 ………………………………… 71

武汉的"过早"文化是怎样形成的 …………………… 73

汉剧的影响到底有多大 ………………………………… 74

武汉的"竹床阵"到底有多壮观 ……………………… 75

武汉的高龙是什么样的 ………………………………… 77

归元庙会是怎样形成的 ………………………………… 78

"贱三爷"有着怎样的故事 …………………………… 80

"老郎"纪念日你知道吗 ……………………………… 81

## 武汉的山水与园林

### 武汉的山水

龟蛇二山背后有着怎样的传说 ………………………… 84

龟山的名字是怎么来的 ………………………………… 85

蛇山上有哪些名胜古迹 ………………………………… 85

木兰山和花木兰有关吗 ………………………………… 86

磨山为什么是武汉的"绿色宝库" …………………… 87

磨山上的郊天坛是刘备转运之处吗 …………………… 88

磨山的摩崖石刻上记载着什么内容 …………………… 89

磨山楚天台有何看点 …………………………………… 90

磨山朱碑亭是为了纪念朱德吗 ………………………… 90

珞珈山的名字是闻一多取的吗 ………………………… 91

武汉海拔最高的山是哪座 ……………………………… 92

梅子山上有梅子吗 ......................................................... 92

桂子山上有桂花吗 ......................................................... 93

武汉最古老的山是哪座 ..................................................... 94

历史上有多少名人游览过东湖 ............................................... 94

汤逊湖是亚洲最大的城中湖吗 ............................................... 96

木兰天池是花木兰的外婆家吗 ............................................... 96

梁子湖有着怎样的传说 ..................................................... 97

## 武汉的园林

沙湖的琴园是仿照大观园建造的吗 .......................................... 100

常青公园的前身是苗圃吗 .................................................. 101

万国公园为什么被称为"遗失的国度"？ ..................................... 101

中山公园为什么被誉为城中绿宝石 .......................................... 103

汉水公园以前是垃圾场吗 .................................................. 104

洪山公园里的岳飞松是岳飞亲手所植吗 ...................................... 104

解放公园曾经是私家园林吗 ................................................ 105

武汉特色主题公园有哪些 .................................................. 106

江滩公园为什么被称为"神来之笔" ......................................... 108

宝岛公园的龙虎塔是仿中国台湾的龙虎塔建造的吗 ............................ 109

戴家湖公园为什么被称为"灰土上的花园" ................................... 110

## 武汉的人文景观

### 武汉的博物馆

湖北省博物馆是湖北唯一的省级综合性博物馆吗 .............................. 114

湖北省博物馆的四大镇馆之宝有哪些 ........................................ 115

湖北省博物馆的曾侯乙编钟奏响过几次 ...................................... 117

武汉博物馆主要有哪些展厅 ................................................ 118

武汉博物馆有什么特色 .................................................... 119

江汉关博物馆为什么是汉口开埠的见证人 .................................... 119

武昌起义纪念馆为什么又叫"红楼" ……………………………… 121

武汉美术馆的前身是银行吗 ……………………………………… 122

武汉性学博物馆里都展出些什么 ………………………………… 123

武汉钻石艺术博物馆内有什么珍贵的典藏 ……………………… 123

武汉中华奇石馆里有哪些展区 …………………………………… 124

许三尤酒瓶博物馆里有着怎样的故事 …………………………… 125

黎黄陂路街头博物馆的展品都在街上吗 ………………………… 128

二七纪念馆是为了纪念二七大罢工的吗 ………………………… 128

武汉有哪些特色的博物馆 ………………………………………… 130

武汉闹市中的抗战遗迹有几处 …………………………………… 132

中国地质大学逸夫博物馆的镇馆之宝有哪些 …………………… 136

## 武汉的旅游景观

黄鹤楼的前世今生 ………………………………………………… 140

李白曾为黄鹤楼留下过哪些流传千古的诗句 …………………… 141

"黄鹤归来"铜雕背后有什么故事 ……………………………… 142

古琴台有着怎样的传说 …………………………………………… 143

晴川阁是"楚天第一名楼"吗 …………………………………… 144

冬天的清凉寨堪比九寨沟吗 ……………………………………… 146

你知道锦里沟的传说吗 …………………………………………… 147

武汉有哪些小众景点 ……………………………………………… 149

张公山寨是怎么来的 ……………………………………………… 151

毛主席曾在长天楼休息过吗 ……………………………………… 152

双凤亭是为了纪念谁而建的 ……………………………………… 152

洪山宝塔为何有"数峰天外塔上塔"之誉 ……………………… 153

禹公矶与大禹有着什么关系 ……………………………………… 154

鹦鹉洲有着怎样的传说 …………………………………………… 154

墨水湖名字是怎么来的 …………………………………………… 157

# 武汉的美食与特产

## 武汉的美食

热干面是中国五大名面之一吗 ........................................... 162

热干面是怎么来的 ........................................... 162

武汉豆皮是怎么制作的 ........................................... 163

面窝是清朝光绪年间诞生的小吃吗 ........................................... 163

为什么说糊汤粉是武汉人的羊肉泡馍 ........................................... 164

欢喜坨的背后有什么样的故事 ........................................... 165

鸭脖起源于武汉精武路吗 ........................................... 165

扬州小笼包是如何演变成武汉汤包的 ........................................... 166

为什么说四季美是武汉的汤包大王 ........................................... 167

为什么洪山菜薹又叫"金殿御菜" ........................................... 167

有哪些诗人曾沉醉于武昌鱼的美味中无法自拔 ........................................... 168

武汉也有糯米鸡吗 ........................................... 169

烧梅就是烧麦吗 ........................................... 169

五芳斋汤圆有哪些独特之处 ........................................... 170

武汉哪里的牛肉豆丝最美味 ........................................... 171

武汉最出名的汤是什么 ........................................... 171

小桃园的汤是"瓦罐风味盖百家"吗 ........................................... 172

武汉早点米粑粑又叫什么 ........................................... 173

谈炎记有着怎样的前世今生 ........................................... 173

## 武汉的特产

武汉的麻烘糕有着什么特点 ........................................... 175

武汉汉绣被挂在人民大会堂吗 ........................................... 175

咸酥饼为什么被誉为酥点一绝 ........................................... 176

武昌鱼是产自武昌吗 ........................................... 177

黄陂泥塑已畅销海外了吗 ........................................... 178

## ⊱ 附 录 ⊰

名胜古迹 TOP10 ................................................ 182

名山胜水 TOP10 ................................................ 185

美食特产 TOP10 ................................................ 188

高等院校 TOP10 ................................................ 191

开 篇

# 出行前的准备

　　武汉位于湖北省中部偏东，是湖北的省会，市区由武昌、汉口、汉阳三镇组成。武汉，作为国家历史文化名城和楚文化的重要发祥地，具有极其重要的意义。武汉地理位置非常优越，是中国内陆最大的水陆空综合交通枢纽，是接南转北的国家地理中心，历来有"九省通衢"之称。武汉有着山光水色、高楼古寺，自然风光和人文景观有机融合，颇具旅游价值，令很多游客心生向往。

那么您是否真的了解武汉的历史、武汉的特色、去武汉旅游的最佳季节、武汉人常说的方言呢?

翻开这本书,跟着我们的节奏,一直读下去,相信您的武汉之旅将不再是走马观花、枯燥无味,您也不再是一个没有故事的过客!

## 武汉的历史

武汉的历史悠久,北郊黄陂区近几年发现的盘龙城遗址,是约3500年前的商代方国宫城。三国时期,在今武昌和汉阳筑有江夏和却月古城,唐代已是著名商埠,明清时汉口镇成为全国"四大名镇"之一。在中国近代史上,三镇遍布革命胜迹,1911年辛亥革命首义于此,现存有起义门旧址,武昌阅马场的红楼是当时的指挥中心,现存有孙中山的纪念铜像。最负盛名的景点有:江南三大名楼之一的黄鹤楼,国务院首批命名的国家级风景区东湖,以五百罗汉、玉佛和悠久历史著称的归元寺,"高山流水遇知音"的古琴台等。

### 武汉江城的由来

与山城重庆、蓉城成都、春城昆明一样，武汉也有一个别致的名字——江城。

也许大家要问，长江从上至下，流经了大大小小为数不少的城市，为何此称独钟武汉？其原因是唐代大诗人李白在武汉游玩时，与史郎中在黄鹤楼上饮酒，边饮酒边欣赏音乐，喝到兴头上，李白诗兴大发，于是题下一首诗《与史郎中钦听黄鹤楼上吹笛》。诗曰："一为迁客去长沙，西望长安不见家。黄鹤楼中吹玉笛，江城五月落梅花。"武汉人非常喜爱"江城五月落梅花"中的"江城"这一佳名，于是自称为江城人。

### 武汉三镇的由来

武汉有武昌、汉阳、汉口三镇，其发展的历史、规模、速度各有一特色。武昌之名始于东汉末三国初，孙权与刘备夺荆州，于221年把都城从建业（今南京）迁至鄂县，并更名"武昌"，取"以武治国而昌"之意，武昌之名是与今鄂州市互换的。从考古发掘来看，武昌在新石器时代的水果湖放鹰台和南湖老人桥，洪山区花山乡的许家墩和棋子墩等处，就是古人栖居之地。

旧时的武汉手工业发达，以造船、冶金、铸造钱币为主。武昌的陶瓷称为影青瓷。另外，武昌最值得一提的事情就是黄鹤楼的屡次兴废，从三国时代至今已历十余次，每次重建都呈现出不同的风貌，反映出各个不同时代的建筑风格和特点。

汉阳一名的来历与汉水密切相关，古语"水北为阳，山南为阳"，古时汉阳在汉水之北，龟山之南，又因日照多的地方也称阳，故名汉阳。

606年，即隋朝大业二年，改汉津县为汉阳县，汉阳名称自此开始。唐代将县治移至汉阳后，才迅速发展起来。

汉阳，特别是鹦鹉洲一带，历来是长江中游商船集散的地方。唐宋元明各朝代，商业、手工业很繁华。同时，汉阳还是游览胜地，位于汉阳的归元寺是武汉佛教丛林保护得最好的一处，为湖北省重点文物保护单位。

武昌和汉阳筑城起始于同一时期，约有1800年历史。

历史上，汉口和汉阳有相当长的一段时间是同步发展的。直至1474年汉水改道从龟山北麓入江以后，汉口才独立发展，仅有500多年的历史。汉口、汉阳很早就筑有城墙，分别被当过县治。

后来汉口迅速成为一座新兴商埠，名声和发展速度远远超过了武昌和汉阳，明末清初，汉口已与河南朱仙镇、广东佛山镇、江西景德镇并列为全国"四大名镇"，海外誉为"东方芝加哥"。汉口的港口贸易运输业颇为发达，是我国内河最大的港口，有"十里帆樯依市立，万家灯火彻夜明"状其景，"居民填溢商贾辐辏，为楚中第一繁盛处"颇能反映其繁盛。清乾隆年间，汉口更盛于世，仅"盐务一事，就足以甲于天下"。

清朝末年，湖广总督张之洞于1905年在汉口修筑张公堤。这条堤逐年降低后湖一带的水位，使荒湖野洲形成陆地，为起初狭小的汉口扩建面积提供了方便条件，有着不可磨灭的历史功绩。

1927年初，将武昌与汉口两市合并作为中华民国临时首都，并定名为武汉。今天由武昌、汉口、汉阳三镇组合而成的"武汉市"，其历史只有74年。

## 武汉的特色

### 【武汉的景点符号】

◎ **黄鹤楼**

黄鹤楼位于湖北省武汉市长江南岸的武昌蛇山之巅，是国家5A级旅游景区，享有"天下江山第一楼""天下绝景"之称。黄鹤楼是武汉市标志性建筑，与晴川阁、古琴台并称"武汉三大名胜"。它也与湖南岳阳楼、江西南昌滕王阁并称为"江南三大名楼"。

◎ **晴川阁**

晴川阁位于湖北省武汉市汉阳龟山东麓禹功矶上，始建于1547—

1549年，为汉阳太守范之箴在修葺禹稷行宫（原禹王庙）时所增建，得名于唐朝诗人崔颢"晴川历历汉阳树，芳草萋萋鹦鹉洲"的诗句。晴川阁北临汉水，东濒长江，与武昌蛇山黄鹤楼隔江相望，是武汉唯一临江而立的名胜古迹，有"楚天第一名楼"之称。

◎ 古琴台

古琴台又名俞伯牙台，始建于北宋，重建于1796年，位于湖北省武汉市汉阳区龟山西脚下的月湖之滨，东对龟山、北临月湖，是中国音乐文化古迹、湖北省重点文物保护单位、武汉市文物旅游景观之一，与黄鹤楼、晴川阁并称"武汉三大名胜"，有"天下知音第一台"之称。

◎ 东湖

东湖因位于湖北省武汉市武昌东部得名，现为中国水域面积广阔的城中湖之一，水域面积达33平方公里，是杭州西湖的六倍。

【武汉的特产符号】

◎ 黄陂马蹄

黄陂马蹄是湖北武汉黄陂区的特产。黄陂马蹄，球茎扁圆、脐平，表皮枣红色，肉脆色白、汁多渣少、味甜。

◎ 武汉汉绣

武汉汉绣是武汉出产的特色绣品，也是国家级非物质文化遗产。

◎ 蔡甸莲藕

蔡甸莲藕是湖北武汉蔡甸区的特产，具有独特品质，莲藕不仅外观通长肥硕、质细白嫩、藕丝绵长，而且口味香甜、生脆少渣、极富营养，药用食补两宜。

【武汉的美食符号】

◎ 热干面

热干面是中国十大面条之首，是湖北武汉出名的小吃之一，有多种做法。其色泽黄而油润，味道鲜美，由于热量高，也可以当作主食，补充机体所需的能量。

◎ **武汉糯米鸡**

糯米鸡是一种常见的武汉早点。炸好后的糯米鸡外表金黄，面凹凸不平，形如鸡皮，故而由此简称。

◎ **精武鸭脖**

精武鸭脖是武汉有名的传统小吃，因汉口的精武路而得名。

◎ **面窝**

面窝是武汉特有的小吃之一，通常只在早餐时间提供。因四周厚而中间薄成了一个小洞，呈凹状，武汉人不习惯叫它"面凹"，而叫它"面窝"。

◎ **欢喜坨**

欢喜坨又称欢喜团、麻汤圆、麻鸡蛋，为湖北武汉、荆州、沔阳、天门、江陵等地的传统特色小吃。

◎ **三鲜豆皮**

三鲜豆皮是武汉人"过早"的一种主要食品，也是武汉民间的一种传统小吃。

◎ **麻烘糕**

麻烘糕是湖北著名的地方传统糕类食品，由于用料考究，制作精细，香甜松脆，质地优良。


## 武汉最佳的旅游季节

武汉属于亚热带湿润季风气候，夏天炎热难耐，冬天又潮湿寒冷，所以去武汉旅游的最佳季节便是每年的春天和秋天了。

春天的武汉百花盛开，尤属武汉大学校园内樱花满枝最为鼎盛，每年全国各地的很多游客慕名而来，如织如潮。但樱花花期比较短，一般只有13～20天，所以每到落花时节，大地就仿佛铺上了一层浅浅的花毯，很是壮观。另外梅园、植物园、农业大学也是春季赏花人气很旺的地方。

武汉大学校园内的樱花

秋天的武汉落叶缤纷，寒塘冷月，很适合到东湖湖畔的行吟阁下缅怀下大诗人屈原，或者到龟山公园登高望远，抑或是去闻名天下的黄鹤楼看看都是非常不错的选择。

## 来武汉需要了解的方言

武汉方言，有武昌、汉口、汉阳、青山话之分，常年生活在武汉的人可分辨出它们的差别：最正宗的武汉话为汉口方言，最不标准的武汉话为青山话，最"弯管子"的武汉话为武汉普通话，最混杂的武汉话为大专院校内使用的南腔北调、类似普通话的武汉话。

**经典武汉话：**

你黑我——意即你吓我。此处黑读"he"的二声，同"吓"。这是时下武汉人使用频率最高的词之一。

挑土——暂时代替某人做某事，来源于麻将。因为打麻将又称"修长城"，打麻将手气不好时让人替打几把，好像人家帮挑土一样。后来又扩大到"的士"司机的换班以及帮人做事了。

撮虾子——偶尔赚点小外快，撮是赚的意思。

擂肥——"肥"，指身上有钱的人。"擂"，这里指打，以打为威胁。"擂肥"就是一种变相的抢劫，现常指外面的一些不良少年抢中小学生身上的钱，也叫洗钱。

**称谓常用语：**

老特——爸爸

老俩——妈妈

拐子——哥哥

外外——外甥

舅辫子——妻子的弟弟

老亲爷——岳父大人

老亲娘——岳母大人

老几——人，常与"个"连用，如"那个老几""有个老几"

麻木——人力三轮车

扁担——挑夫

**生活常用语：**

过早——吃早餐

蛮扎实——厉害

苕吃哈胀——猛吃很多东西

条子——身材

胯子——腿

灵醒——整洁、好看，也有聪明之意

称透——整洁、好看之意

打赤巴——赤裸上半身

条举——扫帚

浮子——毛巾、抹布等

滋——擦

灶妈子——蟑螂

**聊天常用语：**

么斯——什么

冒得——没有

是说吵——表示赞同

耍拉——麻利

铆起、铆倒——一个劲儿地、努力地干某事

晕——慢性子

豆里——里面

# 武汉的历史与城门楼

　　泱泱大武汉，处两江四岸，三镇鼎立，唐朝诗人李白曾在此写下"黄鹤楼中吹玉笛，江城五月落梅花"，因此武汉自古又称"江城"。武汉文化之大气、之厚重，历来为世人瞩目，蕴含着盘龙文化、荆楚文化、黄鹤文化、东湖文化等。武汉占尽"九省通衢"之便利，形成了独具特色的武汉历史，让我们一起来领略一下武汉的风采吧！

# 武汉的历史文化

## 黄鹤楼是孙权建的吗

黄鹤楼位于湖北省武汉市长江南岸的武昌蛇山之巅，为国家5A级旅游景区，享有"天下江山第一楼""天下绝景"之称。黄鹤楼是武汉市标志性建筑，与晴川阁、古琴台并称"武汉三大名胜"。黄鹤楼也与湖南岳阳市岳阳楼、江西南昌市滕王阁并称为"江南三大名楼"。

黄鹤楼始建于223年三国时期。唐代诗人崔颢在此写下《黄鹤楼》一诗，李白在此写下《黄鹤楼送孟浩然之广陵》一诗，历代文人墨客在此留下了许多千古绝唱，使黄鹤楼自古以来便闻名遐迩。

那么这样的一座历史名楼，到底是谁修建的呢？

其实关于黄鹤楼的修建历史，一直有个神话传说。

很久以前，有个寡妇为了逃避村里恶霸的欺负只身一人来到武汉。到了武汉举目无亲，无人投靠，生活怎么办呢？总得有个赚钱的法子吧，寡妇便用身上仅有的钱在蛇山脚下开了一家馆子。

地处偏僻的小馆子，没什么客流，所以也没多少钱赚，只能有一日没一日地过着。

有一天，一个衣衫褴褛的黄头发道士昏倒在了馆子门口。寡妇见状，立即扶黄头发道士进去。道士慢慢地苏醒过来，寡妇好酒好菜招待他。没想到酒足饭饱之后，道士扬长而去，饭钱没给，谢字也没有。

黄鹤楼

更奇怪的是，这之后每隔三天，那黄头发道士都会准时来馆子里蹭吃蹭喝，完全一副没脸没皮的样子，好像寡妇是他女儿一样。寡妇呢，心肠好，心又软，居然没有怨言，任他吃喝。

就这样过了一年，道士在吃完最后一顿饭之后，终于要走了。寡妇总算松了一口气，这一年来赚的钱，都赔在这道士的饭菜上了。

临走前，黄头发道士摸出笔，在馆子的墙上，画了两只仙鹤。还别说，这吃霸王餐的道士画画还真有一手，仙鹤栩栩如生。还没等寡妇弄明白咋回事，道士已经没影儿了。

寡妇想：得了吧，画都画了，以后挣了钱，再找刷墙的师傅把墙重新粉刷一次吧。就在这个时候，更怪的事情发生了。旁边的一个酒客拿起筷子在酒碗上轻轻地敲打了几下，只见那墙上的两只仙鹤竟然摆动翅膀，跳起了舞！寡妇和酒客们看呆了。待那仙鹤停下舞姿，酒客又用筷子敲打酒碗，仙鹤居然又跳了起来！

这下可轰动了。一传十，十传百，蛇山下的小馆子，一夜之间红遍武汉城，前来吃饭喝酒、看仙鹤跳舞的人，多得数不清，门外排队的人，更是不计其数。寡妇发大财了。又过了十年，那个黄头发道士毫无征兆地回来了。寡妇正想道谢，谁知道士淡淡一笑，嘴角轻扬，墙上的两只仙鹤，"嗖"的一声，从屋顶飞了出去，直上云霄。

寡妇大惊之下，回头一看，道士也消失了。

真是奇怪，寡妇思索良久，便出重金，在蛇山上，修建了一座阁楼，名为黄鹤楼，以纪念那位能化静为动的黄头发道士。

这就是关于黄鹤楼的神话传说，当然了，传说只是传说。言归正传，黄鹤楼真正的修建者，是三国时期的孙权。孙权修建黄鹤楼的目的，其实很简单，他想在蛇山上建楼，站得高看得远，能尽早发现远处来攻打自己的敌军。

但是，孙权毕竟不是天文学家和地理学家，他不知道由于武汉水资源丰富，雾气浓重，即便站在黄鹤楼上，也很难透过雾气观察到敌军。

黄鹤楼的军事作用，一点也没有发挥出来。只不过，花巨资修建的楼，总不能不用吧，孙权当即宣布黄鹤楼对民众开放，但要买"门票"！

富有战略眼光的孙权，别出心裁，启用了黄鹤楼前门拿卡，后门给钱的模式，这在古代是一大创新。

那么，如今我们看到的黄鹤楼就是当年孙权修建的吗？其实不是，如今的黄鹤楼是在1981年重新修建的，早已不在当初的位置上了。这是因为，在之前修建武汉长江大桥的时候，占用了原来的黄鹤楼地址。虽然地址变了，整栋楼也是重新修建的，不过黄鹤楼终归是我国历史上的瑰宝建筑，是永远值得欣赏的。

## 武汉为什么叫江城

我们在外旅行常常可以听到许多城市的别称，比如蓉城是成都，冰城是哈尔滨，春城是昆明，花城是广州等。而"江城"，则是国内武汉、吉林、芜湖、泸州4个城市的别称，其中以武汉最为出名。那么，武汉为什么被称为江城呢？是有什么典故吗？

据说，武汉的"江城"之名已经有1300多年的历史，与号称"诗仙"的唐代大诗人李白有关。"一为迁客去长沙，西望长安不见家。黄鹤楼中

江城武汉

吹玉笛，江城五月落梅花。"这是李白的一首七言绝句，由人们口头传诵至今并镌刻于重建的黄鹤楼上，而诗中的"江城五月落梅花"就是武汉叫"江城"的最初由来。

李白之所以为武汉留下"江城"美名，与李白和湖北地区结下的不解之缘有很大关系。李白青少年时期曾在湖北地区漫游过10多年，因而自称"少长江汉""我本楚狂人"。楚山、楚水还曾造就过尹吉甫、屈原等杰出的诗作家。

李隆基开元年间，青年李白曾在湖北地区写下送别友人孟浩然的《黄鹤楼送孟浩然之广陵》一诗："故人西辞黄鹤楼，烟花三月下扬州。孤帆远影碧空尽，唯见长江天际流。"李白的诗集中共收作品1000多首，其中与湖北有关的就有60多首。

李白一生坎坷不平，"开元盛世"之后的唐代在"安史之乱"后渐渐走向衰落，当时的朝廷无法让李白"文变风俗，学究人才"的才华得到充分发挥。李白还曾因为错误地参与了一场政治斗争而被流放边疆，怀才不遇，郁郁而终。李白在湖北来来去去前后历经30多年，充满感伤与失望，而一句"江城五月落梅花"却成就了武汉千年美名。

武汉的发展与长江、汉水的关系特别密切，因此沿江九大城市中，唯独武汉享有"江城"的美名。武汉是长江中游最大的物资集散地、商业贸易中心，地理位置得天独厚，物产丰富，所以也是华中重镇。江城武汉周边湖泊千顷，河流交错，世界第三大河长江及其最长支流汉江横贯市区，将武汉一分为三，形成武昌、汉口、汉阳三镇跨江鼎立的格局。武汉被称为"江城"是当之无愧的。

## 岳飞曾在武汉驻防过吗

我们都知道，岳飞在武汉的遗迹比较多，这是因为岳飞一生中有8年时间屯兵鄂州（今武昌），并把岳王府设在武昌。

武汉汉口有一条岳飞街，汉阳有一条翠微路，都与岳飞有关。

武汉纪念岳飞最为集中和隆重的地方在黄鹤楼公园东区。进入公园东区以后，经过"精忠报国"的石牌坊，可以看到巨大的岳飞扶鞍勒马的青铜雕像，刻有岳飞手迹的石碑以及放有岳武穆王遗像的岳飞亭，还有一组长达25米，反映岳家军驰骋抗金战场的花岗岩浮雕照壁。石刻上，"还我河山"四个鲜红的狂草大字具有无比的震撼力。

岳飞像

岳飞从鄂州（今武昌）出发进行了4次北伐，成就了他一生辉煌的业绩。岳飞在鄂州写了两首《满江红》，其中一首是著名的《满江红·怒发冲冠》，1993年临摹原迹刻在黄鹤楼公园东区的石碑上；还有一首叫《满江红·登黄鹤楼有感》，20世纪30年代临摹岳飞真迹刻在了黄鹤楼公园的碑廊上。岳飞遇害后，鄂州百姓自发修建了许多纪念性建筑，还家家张挂岳飞遗像，奉祀不衰。现在武昌可以追寻岳飞遗迹的地方，除了黄鹤楼，还有洪山的"岳松"。

岳飞在鄂州驻防了很久，当时百姓对岳飞的感情一定就像岳飞对鄂州的感情一样深。

## 汉口为什么被誉为"东方芝加哥"

20世纪初的汉口享有"东方芝加哥"的美誉，当时的上海有多么繁华想必大家都知道，而汉口是当时唯一能与上海媲美的城市，俨然代表着中国城市发展的方向与希望。那么当时的汉口为什么被誉为"东方芝加哥"呢？

汉口——东方芝加哥

1861年，汉口成为条约口岸城市，对西方人开放，开始了由传统商业市镇向近代都会的转型。汉口沿长江先后开辟了英租界、俄租界、德租界、法租界、日租界，它们沿长江地带迅速成为汉口的一个繁华中心。20世纪初叶的10年间，汉口的对外贸易总额始终占全国外贸总额的10%左右，常年居全国第二位，"驾乎津门，直追沪上"，成为当时唯一可与沿海几大通商口岸匹敌的内地口岸。

清末，日本驻汉总领事水野幸吉在他所著的书中，以歆羡的口吻对汉口的崛起倍加赞誉，书中说："与武昌、汉阳鼎立之汉口者，贸易年额一亿三千万两，凤超天津，近凌广东，今也位于清国要港之二，将近而摩上海之垒，使观察者艳称为东方之芝加哥。"从此，"东方芝加哥"这个称谓名扬四海，成为人们对汉口的流行印象。1918年美国《竖琴师》杂志刊载了一篇署名为魏尔·瓦尔特的文章《中国的芝加哥》。该文称赞道："汉口在全国商品市场上所处的地位，可与芝加哥在美国的地位媲美。"当时作为美国钢铁冶炼业基地的芝加哥，工厂机器轰鸣，城内运输繁忙……城市实力仅次于纽约。除了产业重点不同外，当时的武汉与芝加哥确实有很多相似之处。

汉口除了有"东方芝加哥"的美誉外，明末清初，还与朱仙镇、景德镇、佛山镇并称天下"四大名镇"，也被称为"楚中第一繁盛"，成为全国性水陆交通枢纽，享有"九省通衢"的美誉。

## 武汉是辛亥革命的首义之地吗

作为"九省通衢""南北枢纽"的华中重镇，武汉在军事上更是具有重要的地位，推翻中国2000多年封建帝制的辛亥革命就是从这里开始的，它因此被称为辛亥革命的首义之地。

1911年是中国农历的辛亥年，这一年刚开始，反清起义便接连不断。继4月间的广州黄花岗起义后，5月四川发起了保路运动，以孙中山为领袖的同盟会在武汉秘密建立了中部总会，武昌的文学社和共进会便积极准备武装起义。10月10日早晨，革命党有三个人被捕遇难。在这样的危急关头，新军中革命党人主动联络，决定按原计划立即起义。晚上8点多钟，新军工程营、辎重营首先发难，打响武昌起义的第一枪。

11日天亮，起义者便占领了武昌全城，革命党人的"十八星旗"高高飘扬在黄鹤楼上。武昌起义的第二天，汉口、汉阳的新军也起义占领了两镇，同日，武昌成立了军政府。当时孙中山还忙于在海外筹款，由于变起仓促，群龙无首，起义士兵们硬把一个毫无革命思想的协统黎元洪搜出来——民间称作"床底下拖出个黎元洪",用手枪逼着他当了都督。

辛亥革命旧址

以武昌起义为标志的辛亥革命,在中国结束了持续2000多年的封建帝制,虽然后来又在各地冒出了无数个割据称霸的"土皇帝",但在摧枯拉朽的革命洪流冲击下,这些割据势力无异于螳臂当车,中国历史就此进入了一个新纪元。张勋复辟、袁世凯称帝都只有十几天或几十天的寿数。辛亥革命成就了"推翻帝制、建立共和国"的丰功伟绩,而武昌,也作为辛亥革命的首义之地而千古流芳。

## 汉口为什么被称为"茶叶港"

古丝绸之路曾经是中西经济与文化交流的通道,但是却很少有人知道,从18世纪中叶到20世纪初,在我国的北方草原曾有一条纵深通向蒙古高原和西伯利亚腹地并且能直抵欧洲的驼道。那是一条已经被历史尘封湮没,几乎被世人遗忘的中俄茶叶贸易之路。这条贸易之路繁荣了近200年,是当时重要的国际商道。

中国早在16世纪，已有茶叶出口的历史。1654年，俄国公使在北京住了半年多，清政府每天提供一定的普洱贡茶给俄国使团，俄国公使在同清政府打交道的北京贸易谈判中，购买了茶叶带回国。1674年，莫斯科已经有了中国茶售卖。

1689年，中俄《尼布楚条约》签订，不但确认了两国东段的边界及其走向，也正式开启了两国间的商贸往来。1716年，俄国来华商队开始成交茶叶，此后，茶叶逐步成为俄国商队采购的重要商品。

1727年，清政府与沙俄帝国签订《恰克图条约》，确定了两国在这一地区的边界线，更丰富了清王朝与俄国的贸易形式。从此，两国贸易局面一步步打开，从单纯的商队贸易逐步过渡到商队与边境互市贸易并存。

汉口，在清代是江南大宗茶叶外贸的加工与集散地。中俄茶叶之路，就是以汉口为起点，经恰克图到俄国和欧洲腹地。有"沙漠威尼斯"之称的恰克图，与中国江南水乡的汉口，位置上一北一南，因为茶叶贸易的联系，成了一对姊妹城市。

由中国销往英国和俄国的茶叶，大多由汉口起运。1861年由汉口港出口的茶叶有8万担，1862年已达21.6万担，以后逐年增加。从1871年至1890年，每年出口茶叶200万担以上。这期间中国出口的茶叶，占据了世界茶叶市场的86%，而由汉口输出的茶叶占国内茶叶出口的60%。穿梭往来的运茶船队不断进入汉口港，停泊茶船的码头长达15多公里。汉口因此被欧洲人誉为"茶叶港"。

1917年，俄国十月革命后，运往俄国的茶叶贸易日趋衰落，在汉口的几家俄商茶厂相继关闭，长达两个世纪的中俄茶叶之路终于淡出历史舞台。

这就是汉口被称为"茶叶港"的原因，虽然中俄茶叶之路只持续了两个世纪，但是"茶叶港"这一称号，除了汉口，始终没有别的城市可以取代。

## 武汉最早的城址在哪里

黄陂区境内的张西湾城址为武汉市迄今发现最早的城址。

前些年，考古人员发现黄陂境内有10处文物遗址，其中张西湾遗址价值最大。经过几个月的努力，考古人员终于在张西湾发现了石家河文化时期的古城遗址。考古专家认为，这是目前所发现的同时代武汉最早的城址，比盘龙城遗址还早七八百年，是湖北考古界的又一重大发现。"张西湾古城遗址"被初步认定为武汉地区迄今发现最早的城址，属于新石器时代晚期中型城址聚落。

## 却月城是武汉历史上第一座军事城池吗

却月城，是东汉末年修筑的，《水经注》中有这样一段记载："山左即沔水口矣。沔左有却月城，亦曰偃月垒，戴监军筑，故曲陵县也，后乃沙羡县治。昔魏将黄祖所守，遣董袭、凌统攻而擒之，祢衡亦遇害于此。"

这段话的大概意思是：却月城在今汉阳月湖附近，是东汉戴监军修筑的。周长有180步，高2米，因为形状像却月，所以得名却月城，也叫偃月垒。黄祖做江夏太守时，统治石阳（今汉口北郊），在却月城下的龟山屯兵，守沔口。208年，孙权派兵打败了黄祖军，屠却月城，从此就没了却月城。

却月城

虽然最后却月城被攻破了，如今它也不存在

了，但是毋庸置疑，却月城是武汉历史上第一座有军事城堡功能的城池。

## 卢汉铁路的开通给武汉经济带来了什么影响

卢汉铁路，也叫京汉铁路，是京广铁路的组成部分。卢汉铁路的起点是卢沟桥，终点是汉口，它是甲午中日战争后，清政府自己修筑的第一条铁路。当时国库空虚，为了修筑卢汉铁路，1889年湖广总督张之洞向清政府提出每年拨款200万两银子备修路之用。

卢汉铁路的全线贯通，打破了武汉仅依赖于水道与驿道的传统交通网络格局，武汉从此迈入了火车、轮船客运齐发，东可至上海、西可达重庆、北可进京城的水陆联运时期。闹市区不再局限于长江边的租界一处，沿铁路线的地区迅速繁华起来，这对汉口城区面貌的改观颇有影响。

京汉铁路的全线贯通，改变了武汉在近代中国经济布局中的地位，武汉不再是长江流域仅充当横向传导的角色，纵向的铁路线在缩短了时间和距离的前提下，还有成百上千的运载力，这更加有力地推动了汉口商业贸易的发展。当时，一位到过汉口的英国人曾感叹，中国"内地商人很快利用起这一改善了的交通条件"，通过汉口把湖南、湖北、河南等地的农产品迅速地销往全国各地。

## 武汉的市花为什么是梅花

1984年2月18日，武汉市人大常委会第七次会议决定，梅花为武汉市花。梅花属蔷薇科落叶小乔木，花瓣及花萼为圆形，五枚一团。花有红、白、黄等色，清丽芬芳，在深冬开放，经月余至初春凋谢。千百年来松、竹、梅被称为"岁寒三友"，为世所颂。

那么武汉为什么把梅花定为市花呢？

　　湖北自古就是梅花的故乡，南宋时期，武汉一带居民盛行栽培梅花。武昌东湖梅岭，古来就是赏梅胜地，也是近代梅花品种研究中心。东湖梅园现有面积已达800亩，拥有梅树2万余株，梅花品种为340余种，其中包括龙游梅、美人梅、金钱绿萼、黄香梅等诸多珍贵品种。

　　不仅如此，唐朝诗人李白还曾在此写下"黄鹤楼中吹玉笛，江城五月落梅花"的诗句。可见，梅花一直以来在武汉都有着重要的地位，所以把梅花作为市花也是情理之中。

# 武汉的城门楼

## 武汉曾有几座城门

"小时候的民主路冇得那多人，外地人为了看大桥才来到汉阳门。汉阳门的轮渡可以坐船去汉口，汉阳门的花园属于我们这些住家的人"，听过《汉阳门花园》的人，都会被歌中描绘的那个宁静的武汉所感动。

老武汉城门

歌中提到的"汉阳门"是武汉的城门之一，但如今，除了文史爱好者，普通武汉人对武汉老城门的故事已鲜少提及。

454年，宋孝武帝在夏口城立郢州，所以武昌在那时又称郢城。梁武帝时，梁将曹景宗在紫金山与小龟山北筑石城为军事堡垒，北临沙湖，南距郢城大约有1公里。此后，隋文帝于589年废江夏郡置鄂州，改汝南县为江夏县，所以古时的武昌又有鄂州、江夏县之称。后来，唐朝节度使牛僧孺驻鄂州，改建鄂州城，不仅城的范围扩大了，而且以陶甓围城，武昌也是从这时起有了砖城。

25

武昌城基本定型于明朝。1371年，朱元璋的大将江夏侯周德兴增扩武昌府城，将城区扩大到黄鹄山（今蛇山）之南，城周约10公里，墙体为陶砖砌就，墙高6.6～13.2米不等，环城挖护城河一道，水深3米多，辟有9个城门：东有大东门，东南有新南门，南有保安门、望泽门，西南有竹簰门，西有平湖门，西北有汉阳门，北有草埠门，东北则有小东门。1535年，都御史顾璘改大东门为宾阳门，改新南门为中和门（辛亥革命后改为起义门），改望泽门为望山门，改竹簰门为文昌门，改草埠门为武胜门，改小东门为忠孝门。

清末，粤汉铁路开始筹划修建，湖广总督张之洞在宾阳门以南城墙东南段增开了一座通湘门，为日后在此门外修筑粤汉铁路火车站预先准备，成为武昌城第十座城门。原有的九座城门，均带有瓮城结构，城台上还建有江南建筑风格的城楼，每座城门的具体形制和建筑细节都不尽相同。而通湘门仅为城墙上增开的一个门洞，没有瓮城和城楼。

那么这些城门位于现在的什么地方呢？东北部的忠孝门，在今小东门；宾阳门在古城正东，位于今大东门立交桥处；东南部的起义门位于今首义路；保安门在古城正南，今保安街附近；望山门也在古城南面，今解放路南端，武昌造船厂东门附近；文昌门位于古城西南，今武昌造船厂北门附近；平湖门在古城西面，今平湖门水厂附近；汉阳门在古城西北，今武昌曾家巷附近；武胜门在古城北面，今积玉桥、得胜桥街口；通湘门，设车站于门外，以通湖南，故址在今紫阳路东端，靠近武昌火车站。

这就是武汉的城门，如果问起来，可能大多数人都会说武汉有九座城门，其实，是有十座，只是第十座城门上没有城门楼。


## 武汉现存的古城门有哪些

起义门是武昌古城唯一幸存的城门。起义门在民国以前叫中和门，位于首义南路南端。

那么其他的古城门都去哪儿了呢？

1926年北伐军进攻武昌，守城的吴佩孚军依托坚固的城墙，据守孤城40余天，城内百姓苦不堪言。攻克武昌后，应城内市民的强烈要求，国民党方面决定拆除武昌城墙，随后不久，有着500

起义门

多年历史的武昌明城墙，便基本消失了，仅留下了中和门城台以作纪念。

为什么只留下了中和门呢？

因为伟大的革命先行者孙中山领导的辛亥革命推翻清王朝，建立共和国，结束了中国2000多年的封建帝制。武昌是辛亥革命首义之地，武昌中和门被誉为"首义胜利的开端"。

中和门是武昌古城东南面的一座城门，门内东面是清末新军的楚望台军械库。辛亥革命武昌起义爆发后，城内起义军攻占了楚望台军械库，并打开了中和门。城外南湖炮队由此进城，并在城楼上架炮轰击湖广总督府，成为武昌首义取得成功的关键一步。中华民国成立后，中和门被命名为"起义门"，也因此成为老武昌城门中唯一得以留存的城门。

## 武汉最重要的城门是哪座

宾阳门是武昌古城东面最重要的一座城门，俗称"大东门"。"宾阳"一词出自《尚书·尧典》"分命羲仲，宅嵎夷，曰旸谷，寅宾出日，平秩东作"这句话中，意思是，尧命羲仲住在东方海滨、名叫旸谷的地方。每日早晨恭敬地迎接日出，以观察时序，指导农业生产。由于大东门是武昌古城向东出城的最主要通道，是迎接日出的城门，因此得名

"宾阳门"。

宾阳门向北城墙爬上蛇山，在蛇山东端建有一座敌台，与城门共同构成一处军事要塞，成为历来兵家必争之地。1926年北伐军攻打武昌时，即在宾阳门外发生了惨烈的激战，死伤无数。攻占武昌后，宾阳门外曾建有攻城阵亡将士墓。此外，清末张之洞在武昌城内设立的铜币局，曾建有从积玉桥江边连接至城内的运矿窄轨铁道，这条铁路也是经过宾阳门进入城内的，该门因此成为火车最早开进武昌城的入口。

由此可见，宾阳门确实是老武汉最重要的城门，绝对不输于起义门，只是宾阳门没有被保留下来，实在可惜。

## 拆除武昌古城垣的原因是什么

拆除武昌古城垣的动议，起源于粤汉铁路的兴建。1890年，清政府决定兴建粤汉铁路，拆除影响铁路建设的武昌古城垣的动议随之而来。后来，粤汉铁路兴建因资金问题搁置，这个动议也就不了了之。

1919年，湖北省62名议员、绅士再次联名上书，倡议拆除武昌古城垣，通过拆城修路将城内城外连成一片，从而发展武昌经济，解决当时经济之困。他们提出了城垣存在的五个"弊端"：阻碍交通；检查烦琐，人民出行不便；内外隔阂，有碍治安；空气闭塞，容易发生瘟疫；影响城中商业。不过，由于拆城工程浩大，加之民国之初局势极为动荡，多数议员不赞同这个倡议，有的议员则尖酸地回应说："不拆城放屁都不易散去，会憋死人的。"议论纷纷之下，当局反复研究未果，使拆城之议再次搁置下来。

1926年，国民革命军北伐，先后攻克长沙、岳阳、贺胜桥，势如破竹，兵抵武昌城下。然而，军阀吴佩孚依靠坚固无比的武昌城墙顽抗，北伐军死伤无数而未获成功，只得改变攻城计划，采取迂回战术，先后攻克汉阳和汉口后，于9月16日攻克鄂豫边界的武胜关，使武昌变成一座孤城。吴佩孚军大部撤至河南信阳。在长期的封锁下，武昌守军弹尽粮绝，终于投降。北伐军历经40多天的浴血奋战后，在10月10日入城。

在胜利后的一次会议上，目睹攻城艰难的郭沫若等，再次提出拆除武昌古城垣这一"封建堡垒"的议案，并获得很多人支持。一些湖北籍人士虽不赞同，但围城之痛记忆犹新，也不好多说什么。

1926年10月，湖北省政务委员会终于做出了拆除武昌城垣的决定，但当政府官员到城垣各段实地勘察时，一些辛亥老人纷纷建言力保重要遗迹。当巡察到起义门时，张难先等人激动地说："动这座城门就是为北洋军阀张目，痛恨辛亥革命！"随行人员尴尬不已。巡察到奥略楼时，石瑛等人表示：此为元代遗址，绝不能拆！张、石二人德高望重，政府官员也不敢硬顶，于是这两处最终被保留下来。

拆城进展随着时局的变化时断时续，直到1929年，武昌城垣被全部拆毁，护城河也被填平。所拆的城基除主道留作修建马路外，其他地方都被当时的士绅阶层购买建宅。城砖则被百姓取走。武昌城从此只剩下城门名字供后人凭吊。

1928年，因大规模改建武汉，汉阳古城垣大部分也被拆除，余下的西门及两侧一段城墙也在1950年被拆除。如今东门、西门、南门仅作为地名留在了人们的记忆中。

## 武昌城门外的"四局"是哪四局

平湖门、文昌门和望山门是武昌城西南部的三座城门。这三座城门外的沿江地带，曾经是清末张之洞湖北新政时期武昌地区重要的工业基地。

平湖门外的制麻局，文昌门外的纺纱局和织布局，以及望山门外的缫丝局，就是武汉近代官办纺织业著名的"四局"。

武胜门

## 武胜门曾经是叫草埠门吗

当年周德兴扩建武昌城时，见城北有螃蟹岬、凤凰山两座山岭横亘。山外又有蒿草丛生的沙湖，形成得天独厚的天然屏障，于是在城北开辟了一座城门，取名"草埠门"。嘉靖年间取"都武而昌，得地之胜"之意更名为"武胜门"。

## 北伐军曾经是从保安门入城的吗

保安门，在今解放路南段与复兴路之间的保安街上，其中的一段原名叫保安门正街。

1926年，北伐军进攻武昌，守城的吴佩孚军依托坚固的城墙，据守孤城40余天，城内百姓苦不堪言。10月10日，吴佩孚守军河南第3师李俊卿师长率部投降，并打开保安门，率先迎接北伐军第4军入城。

由此可知，当年的北伐军是从保安门入城的。

## 小东门为什么叫忠孝门

小东门，也叫忠孝门。在武昌城东边，大东门左侧。

从武昌小东门十字路口沿民主路向西走100多米，右侧有一条忠孝门街。小街长大约400米，车少人稀，十分僻静，但它却是小东门的"祖根"。

小街西端坡顶22号附近一带即为当年小东门城门遗址。坡前原来曾有一条护城河，如今这里仍有一座水泥小桥，只不过城河已经被填平，差不多与桥面一样高了，不留意看的话，是不容易被发现的。

1371年，江夏侯周德兴扩建武昌城，在城东北辟有小东门。那小东门为什么叫忠孝门呢？

原来它与南宋抗金英雄岳飞和东汉孝子孟宗有关。

1170年，湖北官民为已经平反昭雪的岳飞在武昌建"忠烈庙"。当时的忠烈庙在城东旌忠坊，后来因为元灭南宋，忠烈庙被毁。而早在这之前，睿帝杨溥就在今蛇山五坡一带建有"灵竹院"，以祭祀"哭竹生笋"的东汉孝子孟宗；南宋时，京湖安抚制置使裔孙孟珙又在该处修建"孟宗祠"；到了明代弘治初年，知府冒政将祠移到大东门白鹤山巅，也就是今长春观附近。

1498年，巡按御史王恩见抗金英雄岳飞竟无庙宇，就将岳飞与孟宗一庙共同祭祀，并题匾额"忠孝祠"。1519年，布政使周季凤又在将台驿旧址为岳飞建专庙。这样，在小东门外就有一忠一孝两大名人祠庙了。

1535年，都御史顾璘重修武昌城，将小东门改名为忠孝门，按照常例，正对城门的街就叫忠孝门正街了。后来随着发展，城外通向舒家街的大道两旁也建了不少房屋，也就叫作了忠孝门外正街。

别看小东门不起眼，它的对面是小龟山和紫荆山，地势险要，城外总是发生兵变。当年太平军守武昌城，湘军就从洪山军营出动，直扑小龟山、蛇山、鹰嘴阁，向小东门、大东门发动攻击。

1926年，国民革命政府北伐军到达武昌城下时，在小东门也多次爬城攻城，战事相当激烈。攻取武昌后，武昌的城墙城区被逐个拆除，城门内外就成了一条街，除曾改名"立新街"外，小街就一直叫忠孝门街至今。

# 武汉的街桥与地名

　　一个街桥地名，就是一段历史记忆；一个街桥地名，就是一幅风景画卷。看似杂乱无章的街桥地名，其实蕴含着众多的逸闻趣事，更承载着一座城市的人文底蕴。武汉街桥地名的故事，就仿佛在还原武汉千百年来的历史风情。

# 武汉的街桥

## "江城第一街"是哪条街

　　屈指数来，中国的大城市无一例外地把自己历史最悠久、商业最繁华、人气最旺的街道选作步行街。北京选择了王府井，上海选择了南京路，广州选择了上下九，而武汉选的就是百年老街江汉路。正因如此，

江汉路

江汉路也被誉为"江城第一街"。

江汉路虽然没有上海南京路那么宽，可是老建筑却比南京路更洋气、更漂亮。步行在1600米长的江汉路上，只见四明洋行、日信洋行、永利银行等13栋历史建筑一字排开，这些建筑有欧陆风格和罗马风格等，每幢建筑都有自己的特色，难怪有人说：江汉路是20世纪武汉建筑的博物馆。

那么江汉路这个名字是怎么得来的呢？

历史上的江汉路曾经是一条分界线，划分着华界和租界。江汉路的前身是一条狭窄的人行土路，叫作广利巷。1861年，英国在汉口强行开辟了租界，广利巷拓宽成为碎石路，紧靠英租界，于是就取"对外忍让，唯求太平"的含义，把广利巷更名为"太平路"。20世纪初，有个名叫刘歆生的"地皮大王"一直将路修至循礼门，因此花楼街至循礼门一段被起名为"歆生路"。直到1927年英租界收回，太平路和歆生路合二为一，才因江汉关而得名江汉路。

2000年时，武汉市政府投资9000多万元，将江汉路改造为武汉第一条步行街。步行街北起京汉大道、南至沿江大道，集购物、休闲、旅游于一街，成为江城展示现代风情的大舞台。

如果把江汉路上发生的每个历史事件、每家商铺的故事编成一本书，那将是一部厚重的近代商业发展史；如果把江汉路鳞次栉比的商铺、熙来攘往的人流勾勒成画，那将是一幅欣欣向荣的现代化都市景观！

江汉路，承载了江城的屈辱与苦难，更见证了武汉的繁盛与辉煌，是当之无愧的"武汉第一街"。

## 武汉的"摩登街"是哪条

如果有人问，武汉市最摩登、最富有国际化色彩的街道在哪里？武汉人定会骄傲地回答："建设大道，当然是建设大道。"

短短10年间，这条街道边的高楼大厦，以武汉最快的速度拔地而起，以武汉最高的高度耸入云霄。

建设大道

在招银大厦上班的人，目睹了建设大道的变迁。1996年，招商银行大厦落成，这是建设大道上的第一幢摩天大楼。那时，许多人不知道建设大道，却知道招银大厦。所以当时在招商银行上班的人都特别自豪，可是很快，他们的自豪就消退了，因为一幢幢更气派、更摩登的高楼"长"出来了：建银大厦、瑞通广场、信合大厦……建设大道成了武汉摩天大楼最集中的一条街。

12年前，建设大道上走的几乎全是黄皮肤的中国人。现在，在街上会遇上各种肤色、各个国家的人。然而这条越来越"洋气"的街道也不忘随时散发出中国风情。建设大道边的西北湖广场，夜幕降临时分，会看到一群群俏婆婆，在那里快乐地打起腰鼓，跳起扇子舞……

建设大道，一条极具时代魅力的街道，一条在快速国际化，又在国际化的缝隙里固守着本土魅力的街道！来到武汉，建设大道是年轻人必去的地方。

## 武汉的"华尔街"在哪里

刚刚介绍过建设大道是武汉的"摩登街"，其实，建设大道还有另一个名字，那就是武汉的"华尔街"。建设大道向来被称为武汉市的金融街。在不足3公里的路段两旁，高楼大厦拔地而起，耸入云霄。招银大厦是这里第一幢摩天大楼，也是第一家把总部迁到这里的银行，之后，商业银行广场、建银大厦、新世界国贸大厦、瑞通广场、信合大厦相继出现，建设大道成了武汉摩天大楼最集中的一条街。

随着城市金融中心向这里的转移，人民银行、建设银行、招商银行、交通银行等各大银行的总部基本都沿街建立起来，散发着金融气息的建设大道，也被称为武汉的"华尔街"。

以建设大道沿线、新华路板块内的诸多知名跨国企业为中心，形成了武汉市著名的金融街商圈，而伴随着新贸易形式的兴起，许多跨国巨头相继在金融街商圈落户，仅新世界百货的楼宇内，就有美孚、壳牌等近50家世界著名的跨国公司开设了办事处。

武汉的"华尔街"

## 东湖路真的像一条"天街"吗

"湖风拂面，鸟鸣于耳，满目绿树红花，漫步在东湖路上，心旷神怡，如果不是有车来车往，就恍如置身天街。"曾有一名武汉大学医学院学生，这样描述东湖路。

东湖路，这条武汉市的迎宾景观路，确如一条人间"天街"，谁见了都会沉醉。

东湖路

东湖路位于东湖风景区西北侧，西起天鹅路，沿省技监局、高家湾至梨园广场，全长3公里多。20世纪80年代中期，此路不断拓展，定名为东湖路。那时，沿路有3个臭水塘、两片坟地、两段大坡，四处杂草丛生，垃圾成堆。

1999年底，武汉市斥资8000万元改造东湖路，路面由16米拓宽到35米，所有的管线入地，道路刷黑，沿街的房屋有的拆迁，有的进行装修美化，沿街单位拆墙透绿。迁走路边近400座坟墓，开辟出大片的草坪与游园，一年四季花香不断。路灯也是精美的帆形，光线柔和静谧。就连路上掉下来的树叶也是风景。

沿路的省博物馆、省社科院、湖北日报报业集团、省文联等都是文化单位，所以除了"天街"，还有人称这里为"文谷"。各单位的建筑本身就有鲜明的艺术色彩：省博物馆的三大仿古建筑结成一个硕大的"品"字，覆斗形屋顶、琉璃瓦，体现浓郁的楚风遗韵；省艺术馆以似鼓、似琴、似笛的设计，来体现艺术感与时代色彩。

东湖路，通向东湖和博物馆两个风景区，还通向美丽的洪山广场。它宛如大花园中的一条通幽曲径，别有洞天。

## 解放公园路曾经叫渣甸路吗

秋雨过后，漫步在解放公园路上，路旁的梧桐树斑驳如画。在这样一条充满诗意的路上行走，不自觉间，就会把步子放慢。

住在解放公园路附近的居民几乎都知道这样的一段历史：新中国成立前，解放公园路曾叫作渣甸路，是因为英国怡和洋行的老总渣甸·马德森而得名，路的两侧都是墙，不让中国人进入。

解放公园路

就是这样一条曾让国人愤怒和屈辱的"渣甸路"，如今绿树成荫、成为江城百姓休闲散步的好去处。

岁月风车流转经年，或许只有那葱葱郁郁的参天梧桐，才能见证这里的风雨沧桑。

## 香港路为什么被称为汉口"小香港"

香港路命名于1996年，表达了武汉人民对香港回到祖国怀抱的热切期盼。这样的期盼，让"香港路"三个字很快变得家喻户晓。现在问起武汉人，一些人还记得，香港路的前身是西马路。

香港路

老一辈人武汉总说："说香港路，就不能不提'鸭蛋壳'。"这是怎么回事？"香港路"为什么会和"鸭蛋壳"扯上关系？原来，香港路一带在清代末年还有许多的河流和湖泊。后来，英国人在这里开办蛋品加工厂，往湖里倾倒鸭蛋壳等垃圾把湖填平，于是人们将此处取名为"鸭蛋壳"。现在的香港路亚单角，其实就是"鸭蛋壳"的谐音。

1996年以前，这条路不仅狭窄而且还十分破旧，路宽只有4米，路两边是一些低矮的棚户。后来，随着西马路改造为香港路，这条路的面貌也和它的名字一起随之改变，变得婀娜多姿、风情万种。如今的香港路不仅是汉口的一条交通要道，还是武汉美食爱好者最心仪的地段之一。

华灯初上时分，沿香港路一路走来，餐馆的灯火、车流的灯光汇集在一起，真的好像"小香港"一般。

如果你嫌去香港太远，那就来武汉的"小香港"转一转，它一定会让你流连忘返！

武汉的街桥与地名

## 鹦鹉大道上的 "四个时代" 是什么

一条鹦鹉大道，串起了汉阳1800年的历史。汉阳的800多个遗迹，就有600多个分布在这条大道两侧。

鹦鹉大道全长6760米，自北向南分四段路，分别是：琴台段、鼓楼段、鹦鹉洲段和建港段。这四段路，连着汉阳的 "四个时代"。

琴台段告诉我们，在先秦时代，这片土地曾上演过俞伯牙和钟子期琴台遇知音的佳话。

鼓楼段沉淀着历史的记忆，在明清时期，这里曾设有车水马龙的汉阳府。

"晴川历历汉阳树，芳草萋萋鹦鹉洲"，提及鹦鹉洲段，人们往往会联想起这一传颂千古的诗句。但很少有人知道，鹦鹉洲来源于东汉三国时期一个凄美的故事：名士祢衡因为一篇怀才不遇的《鹦鹉赋》，被江夏太守的儿子杀害，葬在长江沙洲上。他的红颜知己悲哀之下，撞死在祢衡的墓碑上。

建港段见证的是新中国成立后的建设史。1958年，武汉市政府在鹦鹉洲洲头的荒地上，掀起了建设汉阳港的新篇章。4年后，荒洲上建起了一座现代港埠。伴随着这座港成长的，是一个个居民区和一条条新生的道路，鹦鹉大道建港段，就是其中重要的一环。

这就是关于鹦鹉大道的四个故事，也是鹦鹉大道上的 "四个时代"，来到武汉，一定要去鹦鹉大道感受一下同时置身于 "四个时代" 是怎样一种感觉。

## 武汉最浪漫的街道在哪里

"追飞扬花瓣，追飞走的梦，登上城堡远望，遥岑入明眸……再次看到风吹过樱花儿飘落，不认识的身影在追逐……"当这首《樱园梦》在武大校园内响彻的时候，武汉人就知道，樱花盛开的时节到了。

就算没去过武汉的人，也会知道武汉大学的樱花最出名。每年春分时节，武汉大学校校园内，近200株樱花沿着300米蜿蜒起伏的"樱花大道"盛开，与银杏、松柏、桂花以及老斋舍这一古典建筑群相映成景，争妍斗艳，菲菲如云。校内既有梅花的幽香，又有桃花的艳丽，轻风拂过，带来阵阵花香，引来无数游人驻足观赏，流连忘返，堪称江城一绝。正因如此，武汉大学的"樱花大道"也被称为武汉最浪漫的街道。

"漫天飘舞樱花雨，飘飘洒洒梦几回。"在国内如果想看樱花，武汉大学一定是最好的去处，当我们行走在樱花大道上，似乎也在重温青春的往事和浪漫的情怀。

## 被称为"现代版的清明上河图"的是哪条街

汉街以民国风格建筑为主体，极具时尚元素的现代建筑和欧式建筑穿插其中，传统与现代和谐统一。加之与楚河的完美结合，堪称"现代版的清明上河图"。

汉街是武汉中央文化区的"眼睛"，吸引了全球许多时尚流

武汉汉街

行品牌旗舰店落户。它首次实现了世界十大时尚品牌在同一条街上比邻而居的盛况，被誉为"中国第一商业街"。

## 武汉最小资的街道在哪里

要说武汉哪条街最小资，一定就是汉口的黎黄陂路了。虽然黎黄陂

路只是一条并不宽敞的小街，全长不过500米。但是这片街区的大道小巷，都留有中国社会变迁的烙印，每一扇旧式门户和别致的窗棂，都透出一种神秘与深沉。

黎黄陂路

如今，这片静静的街区显得更加洋气，更加风雅，依然散发着"小资"的情味，引领着生活时尚。无论白天还是夜晚，这里的街巷都没有喧嚷，也没有这座滨江大城的火辣，只有那些有点狭窄但充满着近代风情的西式马路，只有鳞次栉比的欧式房屋的典雅造型和寂静的院落。沿街一间挨一间的画廊、酒吧、咖啡厅，烛光微颤，窗影朦胧，真的能够让人穿越回百余年前的老城时光。

黎黄陂路"慢生活"街区，是汉口风采与气质的延续，它以特有的宁静和浪漫，让无数现代年轻人向往和沉迷。当你漫步在这里的街巷，总有一种莫名的意愿和力量拽住你的脚步，让你留恋，让你驻足。

## "楚天第一路"是哪条路

武汉大道被誉为"楚天第一路"，起自天河机场，经机场路、三环线、金桥大道、黄浦大街、徐东大街、东湖路至武昌双湖桥。全长近44公里的武汉大道，是武汉畅通、大气的景观大道。

武汉大道的每个路段都有不一样的风情。

武汉大道

由双湖桥至梨园的东湖路段，拥有水天一色的湖景风光，自然人文交融在一起。过了梨园，便进入了徐东大街，大型的商业综合集群彰显出时尚武汉精致繁华的都市生活。从长江二桥至竹叶山转盘的黄浦大街路段，就在不经意间显露了老汉口的迷人风光，透出这座城市的沧桑岁月。

竹叶山转盘至三金潭立交桥的金桥大道段，以沿线大片的生态绿林为特色，营造出新武汉人居和谐的郊野风情。而由三金潭立交桥至常青立交桥的三环线北段，飞驰而去的汽车一辆接一辆，向人们展示着城市快速交通的壮观景观。

这就是武汉大道各路段的景象，每个路段都有自己的特色，不愧被誉为"楚天第一路"。

## 武汉十座长江大桥之最

事实上，自晚清以来，中国人在武汉建设跨江大桥的梦想，早已酝酿了50余年。根据历史文献记载中，最早提出在武汉修建跨江大桥计划的，是清末湖广总督张之洞，遗憾的是当时因为

武汉长江大桥

各种原因未能实施。直到1957年，武汉兴建了第一座长江大桥，结束了数千年来长江有舟无桥的历史，彻底解除沿江两岸人民的"舟楫劳顿之苦"。

60多年过去了，江城武汉已经变成了一座"桥城"，武汉第十座长江大桥杨泗港长江大桥也于2014年10月开工，这10座桥梁既是大武汉崛起的见证也是承载复兴使命的纽带。这仅仅是一个开始……

武汉的街桥与地名

### 武汉长江大桥

——万里长江第一桥

位于武汉市内，横跨武昌蛇山和汉阳小龟山之间，是我国在万里长江上修建的第一座铁路、公路两用桥。

全桥总长1670米，其中正桥1156米，北岸引桥303米，南岸引桥211米。从基底至公路桥面高80米，下层为铁路桥，宽14.5米，两列火车可同时对开。上层为公路桥，宽约20米，为4车道。桥身为三联连续桥梁，每联3孔，共8墩9孔。每孔跨度为128米，常年巨轮航行无阻。

### 武汉长江二桥

——长江上第一座特大型预应力混凝土斜拉桥

位于武汉长江大桥下游6800米处。全桥总长4678米，其中正桥1877米，设有6个车道，日通车能力为5万辆。通航净空为24米，较武汉长江大桥和南京长江大桥的设计标准高出6米，是世界上第一座主塔墩立在深水区的双塔双索面预应力混凝土斜拉桥。

### 武汉白沙洲长江大桥

——最大跨度为世界第三

位于武汉长江大桥上游8600米处。全长3589米，桥面宽26.5米，为6车道，设计时速为80千米，日通车能力为5万辆，分流过江车辆29%，主要分流外地过汉车辆。白沙洲长江大桥为双塔双索面钢箱梁桥与预应力混凝土箱梁组合的斜拉桥，最大跨度618米，排世界第三。

### 军山长江大桥

——国内最宽的深水特大型公路桥梁

位于武汉市西南郊，武汉关上游28000米处，西北岸蔡甸区军山镇，东南岸江夏区金水乡。全长4881米，其中桥梁长2847米，引道长2034米。

桥梁分为主桥、南北过渡孔桥、南北引桥等5部分。桥面净宽33.5米，引道宽35米，双向6车道。军山长江大桥是目前国内最宽的深水特大型公路桥梁。

### 武汉阳逻长江公路大桥

——主跨跨度位居世界第八

位于武汉市东北郊，上距武汉关约30000米，桥位北岸为武汉市新洲区阳逻镇，南岸为武汉市洪山区向家尾。武汉阳逻长江公路大桥为主跨1280米的双塔钢箱梁悬索桥，主跨跨度位居世界第八。阳逻桥采用双向6车道设计，主桥及引桥桥面净宽33米，大桥设计行车速度120千米/小时。

### 天兴洲长江大桥

——公铁两用斜拉桥跨度世界第一

位于武汉长江二桥下游10000米处，北起汉口平安铺，南止武昌武青主干道。总长度为9300米，其中主桥长4657米，主跨504米，是世界上最大跨度的公路、铁路两用斜拉桥。上层为6车道公路，设计速度80千米/小时；下层为可并列行驶4列火车的铁路，设计速度200千米/小时。

### 二七长江大桥

——世界上最大跨度的三塔斜拉桥

位于武汉长江二桥下游3200米，江北起于江岸武铁新江岸小区，江南止于青山钢都花园罗家港。大桥两个主跨均为616米，是世界上最大跨度的三塔斜拉桥和最大跨度的结合梁斜拉桥，总长度约6500米，设计行车速度80千米/小时，双向8车道，桥面宽度为29.5米。

### 武汉鹦鹉洲长江大桥

——武汉最宽的长江大桥

位于武汉长江大桥上游约2300米处。主桥长2100米，采用的是三塔四跨悬索桥，这是世界上首次采用主缆连续的三塔四跨悬吊悬索桥方案，同时是世界上跨度最大的三塔四跨悬索桥。引桥长1320米，采用预应力混凝土连续箱梁结构。桥宽38米，为武汉最宽的长江大桥。

### 武汉黄家湖长江公路大桥
#### ——长江上最宽的大桥

2017年12月28日，武汉第九座长江大桥——武汉黄家湖长江公路大桥建成通车，该桥是四环线重要的过长江通道。位于军山长江公路大桥与白沙洲长江公路大桥之间，在白沙洲长江大桥上游约8公里处，距上游的军山长江大桥9.2公里。该项目设计为目前长江上最宽的大桥。全长8.583公里，桥宽46米，按双向8车道高速公路标准建设，设计速度100公里/小时，主桥结构类型为五跨一联双塔双索面钢箱梁斜拉桥。

### 武汉杨泗港大桥
#### ——世界上跨度最大的双层悬索桥

杨泗港长江大桥是万里长江上首座双层公路悬索桥，位于鹦鹉洲大桥上游约3.2千米、白沙洲大桥下游约3千米处，总长约4.13公里。工程起点设在国博跨线桥、止于八坦立交。连接汉阳区和武昌区。工程按双层12车道布置，上层为6车道快速路，下层为6车道城市主干道，两侧还各设有一条非机动车道和人行观光道。该大桥采用双层千米级悬索桥桥型，主跨一跨过江，跨度1700米，是世界上跨度最大的双层悬索桥，也是世界上通行能力最大、使用功能最完备的大跨悬索桥。

## 六渡桥背后有着怎样的故事

武汉六渡桥位于汉口中山大道中段与三民路汇合的中心地带，是老武汉的核心商业区。"没有到过六渡桥，就等于没有到过汉口。"这句俗语，就是六渡桥商业区曾经繁华的真实写照。

关于六渡桥的来历，有三段不一样的传说。第一段传说，与一位老者有关。相传这位老者带着孙子在玉带河边玩耍嬉戏，孩子不慎落水，最终溺亡。老者悲痛欲绝，后萌生出修建桥梁，为行人提供便利与安全的愿望。但老者家境贫寒，根本没有钱来修桥，他只好沿街募捐，募得了6斗米。老者的行为感动了大家，人们纷纷慷慨解囊，捐献建桥费用。桥落成后，为了纪念这位老者，时人命之曰"六斗桥"。时过境迁，"六斗桥"逐渐演变成了现在的"六渡桥"。

第二段传说，是有史料依据的。在古时，汉口四面临水，居民经常遭遇水灾。明崇祯八年（1635），汉阳府的通判袁昌在如今的长堤街一带筑堤防水，多处建桥。据后人考证，这位通判在玉带河上，共主持修建了三座木桥。它们分别是三元桥、六渡桥和万寿桥。

第三段传说，则在《汉口竹枝词》中有所记载。据说过去，玉带河边上有一座尼姑庵。这座尼姑庵取佛家"六波罗蜜"之意，起名为"六度庵"。后来，人们便把靠近尼姑庵的桥梁起名为"六度桥"。但考虑到桥应该与水有关，于是又将"六度桥"改名为"六渡桥"。这，便是六渡桥的来历。

# 武汉的地名

## 户部巷是怎么来的

"早尝户部巷，宵夜吉庆街"——户部巷，是武汉最有名的早点一条巷。它位于武昌最繁华的司门口，东靠十里长街，西临浩瀚长江，南枕黄鹤楼，北接都府堤。总长度150米左右，热闹的早点摊群上百年来经久不衰，被人们誉为"汉味小吃第一巷"。

户部巷最初形成于明朝。那时，司门口是中央布政使司衙门在武昌府的办事处。布政司主管钱粮户籍，民间称

户部巷

为"户部"。因明清时期户部巷东边是藩库（布政司在此存放钱粮），西边是武昌府的粮库，它恰好位于两个库房中间，故而得名。

## 昙华林的名字和昙花有关吗

昙华林位于老武昌的东北角，地处花园山北麓与螃蟹岬南麓之间。

历史上的昙华林是指与戈甲营出口相连的以东地段。1946年，武昌地方当局将戈甲营出口以西的正卫街和游家巷并入统称为昙华林后，其街名一直沿袭至今。

昙华林

关于昙华林地名的来历，有两种传说。一种说法是这条巷内遍植昙花，多而成林，故名"昙华林"；另一种说法是因为巷内居住着很多种花人，这些种花人一坛一花，蔚然成林，故名"坛华林"。后来"坛"字被误用为"昙"字，"昙华林"的地名于是诞生。

## 四官殿供奉的是哪四官

四官殿是汉口沿江大道四官殿码头至民权路口一带的泛称。它原本是一座庙宇，用于供奉天、地、水、火四官，始建于清初。彼时四官殿附近人烟稠密，但多为板房茅舍，非常容易发生火灾。当地居民于是建

四官殿

起四官殿，每日向"火官"祷告，祈求能够得到火神祝融的庇佑。然而，传说中的火神连自己的庙宇都保护不了。康熙二十六年（1687），四官殿在一场大火中化为灰烬。尽管四官殿不复存在，但它作为地名一直沿用至今。

当然也有人说，四官殿供奉的是战国吴起、王翦、廉颇及李牧。民间传说，居心叵测的人进入镇远城，必须先过了这四官的"关"。因此，

四官殿又被人们看作镇远城的守护神。

## 巡司街有着怎样的传说

武昌原来有条街叫巡司街。相传,清末有个没落的满族贵族,非常想做官,皇帝就给了他个九品巡司小官。一次,钦差大臣路过此地,大小官员都到府台衙门接风摆宴。巡司一看府衙富丽堂皇,就嚷着要搬过来。县官便给他修了座连小土地庙都不如的"衙门",此地后来便被称为巡司街。

20世纪20年代后期,巡司衙门被拆掉。20世纪60年代,此地被改名为明伦街。

## "三层楼"是楼吗

"三层楼"位于武昌城区北部,泛指和平大道与鹦鹉街交会的地带。那么"三层楼"是一栋3层的楼吗?

很久以前,这一带是一片水塘荒地。清朝末年,新河洲逐渐有了居民,后来这里形成武昌城外的集市贸易场所。1912年,从事营造业的资本家喻兴隆在今天的和平大道445号处用砖木修建了一栋3层楼房,最底层开杂货店、棺材铺,2楼开茶馆,3楼为说书场和皮影戏场,生意兴隆,远近闻名。

这座3层楼房高高地坐落在四周平房草棚之上,非常突出,成为这一带的显著标志,于是人们就以"三层楼"泛指这一地区。新中国成立后,扩建和平大道时,原楼已经被拆除,但"三层楼"仍为这一带的区域名片。由武昌至红钢城的16路公共汽车在此设"三层楼"站。附近有条小街,至今仍叫"三层楼街"。

可见,"三层楼"确实是一座3层的楼,只可惜已经被拆除,"三层楼"也早已经变成了地名。如今的"三层楼"早已没了楼。

## 水果湖里有水果吗

　　水果湖原本是指东湖的一个湖汊，即东湖的一个组成部分，但与东湖主水体连接部位相对窄小。那么水果湖里有水果吗？

　　水果湖并不产水果。它原是一片荒丘野岭，沟壑纵横，连农田菜地都不多。每逢下雨时，丘陵上的雨水顺着沟壑汇集到这里的湖汊里，由此出口流入东湖，人们便把这个东湖的湖汊称为水口湖。时间久了，便谐音转化为"水果湖"。

水果湖

　　水果湖边有个放鹰台，相传为唐代诗人李白放鹰之处。新中国成立后，在此发现新石器时代文化遗址，出土了石斧、石铲和陶制生活用具等，说明武汉地区在四五千年以前就有人类繁衍生息。现在这一带有许多高层建筑。

## 丹水池有着怎样的传说

　　丹水池是汉口城区东北部京广铁路线上的一个小站名称，位于谌家矶车站和江岸车站之间。在丹水池车站与解放大道之间的地带，也泛称"丹水池"。这里并不热闹，但却很有名气。1931年，武汉关水位很低，长江洪水即从丹水池破堤涌入汉口市区。

丹水池

丹水池的得名还有一个说法是源于一场误会。传说清末有位老人在这里的江边端水，有人问他此地叫什么名字，他以为问他在干什么，随口答道："端水吃。"问话人只听到3字的字音，以为当地名叫丹水池，所以一直沿用至今。

## 司门口的范围有多大

司门口是武昌解放路与民主路交叉地带的泛称。原来坐落于这个交叉点西北侧的武昌区人民政府，在明、清两代是湖北布政使司衙门，即藩司衙门，又称藩台衙门，俗称藩署。衙门坐北朝南，大门正对长街，也就是如今的解放路。

历史上的长街被蛇山所阻，止于蛇山南麓。蛇山以北至藩司衙门大门口的街道，就称为司门口。明末要用破坏"龟蛇二山"的办法保住大明江山，挖通蛇山，同时斩断龟首，使长街延长到藩司衙门的

司门口

大门口，但仍习惯性地称山北一段为司门口。1935年扩建此路时，北

端辟开旧藩司衙门，使马路延长到中山路，中间腰斩蛇山，上方用钢筋水泥架起蛇山桥，使司门口的泛称延伸到蛇山以南，差不多包括了如今解放路的主要商业闹市区。

## 姑嫂树是棵树吗

姑嫂树不是树，它是汉口新华下路与京广铁路相交处以北至张公堤一带的泛称。这一带是汉口后湖地区的高地，附近有陈家河。那么你知道姑嫂树名字是怎么来的吗？

传说有个姓刘的船民在接驾河上以撑船为生，他和妻子、妹妹在此建屋居住，称为刘家墩。刘家姑嫂在家，除种地外，还在农闲时到墩西的余家塘埂上摆摊卖茶、卖稀饭。为了方便过往行人歇息，她们在塘埂上种了一棵棠梨树。此树长大后，枝繁叶茂，粗壮高耸，不仅可以为行人歇息时遮阴，还成为这一带水陆通道的显著标志。从此，人们称这一带为姑嫂树，而不再称刘家墩。

## 阅马场有马吗

阅马场位于武昌城区的中部，东至蛇山洞延伸出来的武昌路，南至阅马场小学，西至湖北剧场，北至蛇山南麓，东西长100米，南北宽300米，是个知名度很高的广场。武珞路以此为起点，横贯广场的中部，向东伸展，西北与长江大桥的引桥公路相连，西南与彭刘杨路相通，是连通武汉三镇的主干道。

那么阅马场是马场吗？

清代初年，巡抚刘兆麟在明代楚王府之东辟建练兵演武的校场，场上有演武厅，是举行武科考试的场所，名阅马厂。新中国成立后，在书写时改"厂"为"场"，已经约定俗成。

可见，阅马场并不是马场，也没有马，而是古时举行武科考试的地方。

不过，300年来，这里却发生过许多重大历史事件。1688年6月，武昌发生兵变，推举夏逢龙为总统兵马大元帅，设指挥部于阅马厂。1853年元月，太平天国攻占武昌，在阅马厂塔台宣讲革命道理。辛亥革命时，设武昌起义军政府于阅马厂北部的红楼，并在南部塔台拜将，拜黄兴为战时总司令。五四运动时期，数千名学生在阅马厂举行集会和示威游行。北伐军攻占武昌城后，武昌人民在此集会，庆祝北伐胜利。此后它又是武汉人民庆祝抗日胜利、武汉解放的场所。1981年在这里举行了纪念辛亥革命70周年的盛大活动。

## 积玉桥原名是什么

积玉桥泛指武昌解放路北端以东至中山路南北两侧地带，东至沙湖北巷，南连得胜桥北端，北至和平大道与一马路交会处。这一带原来有座桥，据史料记载叫鲫鱼桥，建于1887年，是一座石桥。每年夏季湖水上涨时，附近的居民就在桥孔处捕鱼捞虾，捕到的鱼大多数是鲫鱼，于是称此桥为鲫鱼桥，并泛指附近的地带。

积玉桥地带

后来这里成为运送铸造铜元材料的车辆至铜元局的必经之地，便取堆金积玉之意，将鲫鱼桥谐音雅化为积玉桥。1931年石桥毁坏，1934年改建为钢筋混凝土桥墩、木头桥面的桥梁，1938年又被毁，现仅残留桥基，还可以依稀辨认。而积玉桥作为区片名称则沿用至今。

## 舵落口有着怎样的神话传说

舵落口位于硚口区与东西湖区的衔接线上，在解放大道西端汉水堤脚内，面积约1平方千米，古时是水路交通的码头，明清的时候属于汉阳县凤栖里，同治年间，在此驻了4名防兵。《夏口县志》里写道："舵落口在桥口上十六里。东带汉水，为西通德安

舵落口

府之大路，铺面数十户。设有警察，以资保卫。"舵落口正街仍有部分麻石路面和石瓦板房等集镇旧貌保留至今。

舵落口这个名字源于当地流传的一则神话传说：数百年前，这里原有一个湖，湖边有一位仙翁，有一天他伫立在船头，从一只葫芦里放出一股黑气，霎时一声雷鸣，他的船沉到了湖底，仙翁腾空而去。当地渔民捞起沉船，却不见船舵。有一年干旱，湖水干涸，渔民在沉船处的泥沙下发现脱落的船舵，忽然变成一条红龙，腾空降雨。人们为了感谢仙翁脱落在湖中的船舵化龙降雨的大恩，便称这一带为舵落口。

这就是关于舵落口的传说，也正是这个传说为舵落口增添了不少传奇色彩。

## 琴断口名字是怎么来的

琴断口在汉阳城区西北的米粮山下，东邻武汉市第一砖瓦厂，西接武汉市第四砖瓦厂，南近湖北省新生消防器材厂，北临汉水，是一个人口近万名的小集镇。

武汉的街桥与地名

55

那么琴断口这个名字是怎么来的呢？

琴断口这个名字源于春秋时音乐大师俞伯牙摔琴谢知音的历史故事。

琴断口

当时俞伯牙是晋国大夫，奉命使楚，途经汉水，在汉阳岸边鼓琴，樵夫钟子期善识音律，听出他志在高山流水，于是两人成为知音，相约一年后再见。时过一年，俞伯牙乘船来寻钟子期，可是钟子期已亡故。俞伯牙十分悲痛，来到钟子期坟前悼念，认为天下只有钟子期是他的知音，而后再无知音，留琴何用？便在钟子期坟前将琴摔断，书中有"钟子期死，伯牙终身不复鼓琴"的句子。于是把此地命名为琴断口。

琴断口在清代时是平塘渡口，以"平塘古渡"列入汉阳十景。

## 你知道集家嘴原名是接驾嘴吗

集家嘴泛指汉口沿河大道与民族路相交的一带。

1521年，封于钟祥的兴献王朱佑杬的世子朱厚熜按"兄终弟及"旧例到北京去继承皇位，路过汉水入江处的两岸渡口，后人就称这两个渡口为"接驾嘴"。为了加以区别，汉阳岸称为南岸接驾嘴，简称南岸嘴。汉口岸的接驾嘴后来讹传为集家嘴。1739年建为码头，为汉口"二十里长街八码头"之一。

## 分金炉是冶炼金子的地方吗

分金炉泛指汉口城区东北部中山大道与黄浦路相交处以外的沿江地带，紧靠江岸货场。百年前，这一带还是荒郊。1898年，日本在麻阳街上设租界后，在今江岸货场黄浦路大门左侧铸炼铁炉，俗称分金炉，后因燃料、技术等问题而关闭。

后来，一些打鱼、割草的人家在这里搭棚盖屋，逐渐形成了居民区，沿称分金炉，后来又有了分金街。新中国成立后，有人陆续在这里盖起一批红砖机瓦平房，形成新的街巷，但是也带着"分金"二字，分别称为分金前街和分金堤街。

可见，分金炉并不是炼金子的地方，在古时是炼铁的地方。如今，铁也不炼了，只是作为一个单纯的地名存在着。

## 广埠屯的名字是怎么来的

广埠屯位于武汉市洪山区西部、武昌城区中东部，泛指珞喻路与广八路交会的一片区域。该区域现在是武汉最大的IT交易市场。

广埠屯

那么广埠屯这个名字是怎么来的呢？

相传，明太祖朱元璋将诸子分封到各地为藩王，还调给各地一支保卫藩王的护卫军。朱元璋规定，护卫军一半兵力用于护卫，一半兵力用于屯田，以防护卫军恃强滋事，给当地带来财政负担。分封到武昌的楚王朱桢认为，屯田是镇守和屯耕的结合，需要选一处防守要地。广埠屯乃是入武昌东门（大东门、小东门）的交通要道，对守卫楚城至关重要，于是选在此处治屯耕。朱元璋以广字开头给秦、晋、燕、周、楚、齐诸王府仓库命名，其中楚王的仓库叫"广埠仓"。广埠屯也因此而得名。

## 太子湖有着怎样的神奇传说

汉阳区南部与武汉经济技术开发区之间有个湖叫南太子湖，它的北侧是武汉市四新农场所在地，由一片湖区开垦成菜地的地方，原称北太子湖。古代时两湖相连，叫作灌水湖，因长江涨水倒灌入湖而得名。后来改名为太子湖。

传说西汉末年，王莽篡位，朝中矛盾四起，忠奸难辨，皇室重臣亦有遭贬。有位身怀六甲的皇妃被贬，沿汉水而下，流落到灌水湖时已是怀胎十月，在渔船上分娩一男婴。在随行婢女和渔家的精心照料下，母子平安。王莽篡位事件平息后，皇妃回宫，其男婴被皇室认定为太子。灌水湖也因此而改名为太子湖。

太子湖

## 升官渡有着什么样的历史典故

清朝道光年间，蔡甸大集场有一个姓吴的举人进京赶考，走到汉阳城西一渡口时，因为没有渡船，万分焦急，害怕耽误了考试。恰逢一位渔翁在此收网，见此情景立即摇船送他到对岸。吴举人正要付酬，渔翁不收，说："这里虽是南来北往的要道，但战乱不断，没人敢设渡，如果你他日金榜高中，能架座木桥，八方百姓定会感恩于你。"吴举人听后连连答应了。考试完毕，吴举人被钦点为进士，后几经升迁，当了汉阳府县令。他没有忘记渔翁的话，在此架了座木桥，百姓们十分高兴，于是称此地为升官渡，以表示对吴举人的钦佩与感恩。

## 取水楼有着怎样的故事

新华路体育场附近，有个地方叫取水楼。相传，早先取水楼这里的百姓吃水十分困难。因无钱挖井，只得到当地财主家买井水吃。财主有个心地善良的美貌女儿，经常偷偷接济穷人。她多次看见一个书生帮助前来汲水的老人，

取水楼

且长相出众，渐渐地萌生了爱意。这位青年父母双亡，孤身一人寒窗苦读，小姐得知后更加怜爱他，让书生到她家提亲。可财主嫌贫爱富不答应这门婚事，小姐只好暗中资助书生读书。书生赴京应试时，财主把女儿许配给了一个有财有势的浪荡公子。迎亲那天，小姐在绣帕上写下遗书后投井自尽。

武汉的街桥与地名

书生中进士后，皇帝恩准他回乡做县令。书生回乡后得知小姐不屈投井的事情后大哭一场。上任后他拨出官银，开挖了一个大水塘，供百姓饮用，因县令姓白，大家取名"白水湖"。后来县令又在小姐自尽的水井旁盖起一栋漂亮的楼阁，取名"取水楼"，表达对小姐的怀念。

如今，取水楼早已被拆除，但地名仍沿用至今。

## 操场角是操场吗

操场角泛指汉口中山大道西段以南从硚口区环卫所汽车队到硚口区人民法院一带地方，南抵长堤街，面积约8500平方米。这里原来曾是长堤外玉带河两岸的低洼地区。辛亥革

操场角

命后，废汉阳府，夏口厅改为夏口县，于1913年设武职镇守使，在今汉坊街建汉坊营署，并在居仁门设巡缉营署，后改为警察教练所，并辟为操场。后来又有向、徐、周、张、郭、刘等姓人家在操场以东搭棚建屋，形成居民区，泛称"操场角"。

所以说，操场角曾经还真是一个操场，只是如今早已成了居民区。

# 武汉的节日习俗与民俗文化

　　每个城市都有自己独特的习俗，习俗是一个城市的剪影，当我们到一个新的城市时，要讲究入乡随俗，武汉也不例外，让我们一起来看一看，武汉都有哪些节日习俗与民俗文化吧！

# 武汉的节日习俗

## 武汉过年有哪些习俗

一直和农耕文化息息相关的春节，不管在物资短缺年代还是经济发达时期，从来都是人们渴盼的特殊节日。那么武汉的年俗是什么样的呢？龙凤呈祥、高跷龙灯、海马、赶象、三十的火、十五的灯……在浓郁的荆风楚韵中，那些古老而淳朴的湖北年俗，实在让人大开眼界！

武汉早期的居民大多是明末清初由周边地区迁入的，因此，武汉的过年习俗散发着浓郁的乡土气息：过小年时要请灶神，除夕这天，男人要把水缸挑满，保证3天有水用，这叫"福水长流，子孙富足"，后来有了自来水，这个习俗就无形废止了。然后要收拾屋子，换春联，贴门神。黄昏时开始祭灶，过小年时请灶神"上天言好事"，除夕时灶神已回来，欢迎他"下地降吉祥"。女人不管多忙，到这天一定要做好全家人的新鞋，这叫"过年穿新鞋（hái），喜事一

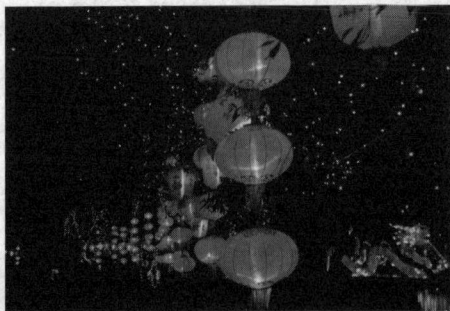

武汉的新年

起来"。然后要将牲畜喂饱,嘱咐狗不要乱吠,以免吓跑财神。

等到年三十这天,全家欢聚一堂吃上一顿丰盛的"谈年饭",如今多称为"团年饭"。武汉的"谈年饭",一般要上"三全""三糕""三丸"。"三全"是指全鸡、全鸭、全鱼。"三糕"是指鱼糕、肉糕、羊糕。"三丸"是指鱼丸、肉丸、藕丸。近年来人们又在桌子中间放置一个火锅,热气腾腾,更增添了节日气氛。开饭时间多在天黑之前,也有在晚间的,有的家庭一直吃到转钟,表示"越吃越亮"。既然是"谈年饭",还得边吃饭边聊天,回顾过去,展望未来,互表祝福。吃饭前,人们先在门外点一挂鞭炮,放完鞭炮就关上大门准备开饭。在大家围坐饭桌之前,守旧规矩的人家还要先祭祖,摆上几副碗筷,请祖宗入席。祭祖仪式之后,大家才开始上桌吃饭。鱼是不能吃的,以祈年年有余。家人边吃边谈,欢声笑语,其乐融融。

另外在湖北江汉平原上,特别是农村地区,除夕夜来临之前,人们习惯给已故的亲人"点坟灯",也叫"送灯亮",就是把好吃好喝的送到祖坟上,再点上蜡烛祭祖。不过,这种风俗在很多地方已经淡化了。

十五晚"赶毛狗"。"耍毛狗,耍毛狗,耍到你家灶门口……"在湖北的鄂西土家族至今还流传着"赶毛狗"的歌谣。毛狗就是狐狸。它原来和人是朋友,但却常偷鸡吃,激怒人类放火烧了它的老窝。从此,就有了正月十五晚放爆竹、烧草竹、"赶毛狗"的风俗。"赶毛狗"的风俗非常古老,最早可见于魏晋南北朝时期的《荆楚岁时记》。据说,只有赶走了毛狗才会六畜平安,田地不长杂草。

## 武汉的中秋节有哪些习俗

中秋节是我国的传统佳节,在古代就有"烧斗香""走月亮""放天灯""树中秋""卖兔儿爷"等节庆活动,其中的赏月、吃月饼、团圆饭等习俗,一直流传到今天。那么武汉的中秋节习俗有哪些呢?

武汉人过中秋，都是提前半个多月开始准备礼品。按照传统习俗，晚辈必须要给长辈送礼，大致是买一些月饼、红糖，还有肉，这三样是必需的。

到了中秋节晚上，则会备美酒佳肴，全家聚餐，称"团圆节"。吃完饭，把桌子放到外面，备月饼、糕点等，边吃边赏月。而且武汉人吃月饼时要喝热茶，这样吃不但有味儿还有助消化。

传统武汉老月饼为苏式月饼的一种，小的直径在15厘米左右，大的直径在20～30厘米，多为"五仁"馅儿。最经典的馅儿还数用糖腌制的肥肉膘，加上冬瓜糖。如今，这种老月饼，已鲜有厂家生产了。传统的武汉老月饼，逐渐变为小巧的苏式月饼。

除了赏月吃月饼，武汉人过中秋，还会邀亲朋好友登山观月或泛舟赏月。有些地方中秋之前，已婚女婿和订婚女婿还要备烟酒送去岳父家，称"拜八月半"。

老武汉过中秋，还有妇女到郊外游玩的习俗。《武昌中秋竹枝词》中的描写"傍栏赏月又看花，围坐同将麻雀叉。直到八圈圈到底，夜深兴尽各还家"，说的就是妇女中秋打麻将的热闹情景。

中秋节放天灯

元宵节玩灯，尽人皆知。然而，要是谈到中秋之夜玩灯的情况，知道的人就不多了。因为这是从前武昌地区特有的习俗。中秋节玩的这种灯，制作的材料和方法，都与元宵节的灯不同。它既不像龙灯那样需要缎子或布质的龙灯衣子，也不同于形态各异的散灯那样，用纸糊蔑扎。它有一个雅致的名称——荷叶灯。把一片荷叶连柄摘下，在荷叶中心连着叶柄的地方穿一个小孔，插上一支点燃的蜡烛，就是这样简单，一盏灯就做成功了。中秋节的晚上，孩子们兴高采烈地呼朋唤友，带着荷叶灯周游大街小巷，一直要玩到深夜才散。年纪小一些的多半是用一手托着，或用双手捧着短柄的荷叶灯，也有的是用细麻绳或索线兜着荷叶灯的底部，再把它们的上端系在竹竿或木棍上，用手提着；年纪大一点的，多数是举着高过头顶的长柄荷叶灯。短柄的荷叶灯比较经玩儿，不用担心手柄折断；长柄的荷叶灯则颤悠悠地摇曳生姿，持有者以此为傲。当然，谁带的蜡烛最多，也会被同伴羡慕。要不然，一根蜡烛点完，灯就"瞎"了。在明星亮月之下，如果来了一队荷叶灯，祭月的妇女和姑娘们以及叠瓦塔的孩子们都会跑来看。但见高低错落、一个接一个的碧玉盘中，烛影摇红，宛如一条游龙，并且清香四溢，别有一番情趣。因此，不单孩子们乐此不疲，有的大人也会看入了迷。倘若那一晚是阴天，只要无风，照样可以游灯，不过效果差一些。就怕当晚下雨，孩子们不高兴，大人们也扫兴。中秋无月重阳雨，岂不辜负了良辰佳节？何况俗谚有云："八月十五云遮月，正月十五雪打灯"，正月十五不能玩龙灯，还有比这更煞风景的事吗？

湖北地区除了武汉过中秋有这样特殊的习俗外，湖北的土家族过中秋也十分有趣。

湖北来凤是土家族集居的地方，"杀鸭子""摸秋""拜月"，是土家族传承下来的古老习俗。中秋节在来凤又叫"摸秋节"。土家人摸秋，杀鸭子，用鸭血泡糯米，蒸熟成血粑，切成块儿，将鸭肉与子姜、红辣子爆炒后，再炖汤，放上血粑，为祭秋之佳肴。

土家族不流行赏月，吃月饼则是土汉共有的习俗。土家族过中秋别有特色。他们披着明媚的月光，去冬瓜园里偷瓜，园主明明知道却不会生气。他们将冬瓜裹于襁褓之中，送到无生育夫妇床上。送，有两种礼仪，一种是当夜偷偷捎去；另一种是乘轿子，鸣锣、吹号、击鼓绕街巷送去，意取瓜瓞连绵之兆。

在土家族，除了"摸秋"，还有"拜月""开天门"。拜月，一般在圆月初升时，由女子摆上祭品、焚香拜月，也有子夜"开天门"时拜月。

如今，在中秋月圆之夜，一家人团聚赏月时，面对明月许愿即可祈求五谷丰登、阖家幸福美满。

## 武汉人过冬至有哪些讲究

冬至是二十四节气中的重要节气，俗称冬节、长至节、亚岁。至今仍有不少地方保留着过冬至的习俗。那么，武汉人过冬至，有哪些讲究呢？

### "数九"隆冬寒天始

冬至过节源于汉代，盛于唐宋，相沿至今。在民间，甚至有"冬至大如年"的说法。《湖北民俗志》记载："阴极之至，阳气始出，日南至，日短至，日影长之至，故曰冬至。"

武汉冬至的"腊味"

冬至，"数九"寒天由此始，"一九二九不出手；三九四九冰上走"。武汉话常常用"冷得直筛"来生动地表现严冬之凛冽。

然而，祖祖辈辈以种洪山菜薹为生的菜农，却成为冬至过后最高兴的人。因为，这时正是洪山菜薹大量抽薹时，要是再下几场雪就更好了，雪中的菜薹鲜嫩水灵，紫红茎秆格外好看。切了炒腊肉，脆绷了，甜滋了，那绝对是冬天里的人间美味。挑着担子上街卖，"俏"得不得了。

### 老武汉冬至独具"腊味"

冬至时节，身处荆楚之都、好食之府的武汉人开始停杯投箸，忙忙碌碌起来。武汉的老人都知道，冬至到了，五毒归了藏，家家户户忙起来，腌制腊鱼、腊肉，这时正是好时候。将肉买回切成2斤左右的条块，把鱼沿肚子剖开把内脏掏尽，将盐、花椒撒于肉上、腌在盆里，几天后挂在屋外风干就可以了。越干越好，越干越香！腌制腊货的热闹景象留存于每个武汉人的记忆中。腌制腊鱼、腊肉的习俗，一直传到了今天。

**冬至"消寒"进补，武汉人最喜煨汤**

冬至这一天，阴极阳生，人体内阳气蓬勃，最易吸收外来的营养，从而发挥其滋补功效，因此，冬至前后是饮食进补的最好时间，不仅强健身体，还能消寒。

北方地区有冬至宰羊、吃饺子、吃馄饨的习俗，南方在这一天要吃冬至米团、长线面、赤豆饭，而武汉人就爱喝汤。

武汉人料理汤水，独树一帜。向来以技论长，选材、火候、汤料，甚至盛汤器具都有讲究，一丝一毫，都须用心投入。

每年快到冬至时，家家户户的女主人都要给屋里人煨一铫子汤喝，羊肉萝卜汤啊，排骨藕汤啊，屋里热气飘香。冬天的藕，最适合煨汤了，一口咬下去，那真是又粉又香……

这就是武汉人过冬至时的习俗，"数九""腊味""煨汤"这些独特的习俗也组成了武汉人五彩缤纷的生活。

# 武汉渡江节是为纪念谁的

武汉渡江节是为了纪念毛泽东主席畅游长江而举办的全民节日。在渡江节上，除了普通游泳爱好者参与的不计时横渡活动外，还设置有个人计时比赛，称为抢渡赛。

20世纪30年代初，近代游泳项目有了较大发展，传统游泳方式受其影响也得到相应发展，开始有了横渡江河的竞赛活动。

渡江节

1934年9月9日，酷爱体育运动的武汉警备旅官兵与体育界人士联合，在武汉举办第一次横渡长江游泳竞赛活动，起点设在武昌汉阳门码头，终点在汉口三北码头。全程5000米，有44人参加横渡，40人到达终点。张学良将军闻讯赶到，向冠军鞠华强赠送了一面刻有"力挽狂澜"的银盾。此次横渡长江，两岸参观者众多，颇负一时之盛，被当时报刊称为"横渡壮举"。

1956年时武汉组织了横渡长江竞赛活动。同年5月31日，63岁的毛泽东主席视察武汉，首次畅游长江，游后乘兴写下著名的《水调歌头·游泳》，横渡长江因之闻名于世。武汉于6月24日至30日首次分批进行横渡长江游泳竞赛，名曰"支援解放台湾横渡长江竞赛"。

1958年，毛泽东再次畅游长江。1966年7月16日，73岁高龄的毛泽东又一次畅游长江，时长1小时零5分，游程近5公里。1956年至1966年毛泽东12次畅游长江，"7·16"也因此被确定为毛泽东畅游长江纪念日。


## 甘蔗节有着怎样的传说

50年以前，武昌举行一年一度的甘蔗节。那时，武昌流行一首民谣："三月二十八，洪山敬菩萨，钱多吃甘蔗，钱少吃麻花。"

据《汉口竹枝词》记载："三月二十八日为东岳诞辰，以大东门外大东岳庙香火最盛。男女祀神者，便游洪山。"

"三月二十八"是农历的三月二十八日。东岳是守护泰山的神祇。宋真宗在1011年敕封其为"东岳天齐仁圣帝"，民间称为东岳大帝。每逢农历三月二十八日，大东岳庙便为这位"天齐仁圣帝"举办"天齐会"。

有趣的是，佛寺宝通禅寺也凑热闹，为这位道教神仙祝寿。各式各样的小商、小贩便来到洪山一带摆摊设点，卖甘蔗、卖麻花或其他物品。由于这一天是甘蔗节，人们都想买甘蔗吃，因此甘蔗售价较高，带钱少的人只好"吃麻花"。

那么甘蔗节是怎样兴起的呢?

据说,元末农民起义领袖徐寿辉在鄂东起事后,派遣部将智取省城。事前约定,在城内接应的人手持甘蔗。义军入城后,不侵扰门前有甘蔗渣的人家。此后,武昌即流行这一天吃甘蔗可以免灾的说法,逐渐形成"甘蔗节"。

抗日战争时期,武汉警备司令部在1938年4月出告示说:"国难严重,空袭时闻,为策人民安全起见,停止举行一年一度的甘蔗节。"武汉沦陷,人民生活在水深火热之中,再也没有什么心思过甘蔗节。此后再未恢复。

## 武汉的中元节有什么习俗

七月十五日中元节俗称"七月半""鬼节"。那么武汉的中元节有什么习俗呢?

在中元节这一天,市民有祭拜祖先传统。《汉口竹枝词》记载:"终岁何曾祭祀供,中元包袱万家同。"

# 武汉的民俗文化

## 武汉婚嫁有哪些习俗

传统中式婚礼习俗大致都是相同的，但每个地方也有不同之处和特殊性。下面我们就一起来了解一下武汉本地人提亲的规矩以及武汉的婚嫁习俗吧！

武汉人提亲的规矩：

1. 上门提亲要事先和对方约好时间，衣着打扮大方得体，说话诚恳稳重。

2. 按照武汉结婚习俗，提亲是双方家长第一次正式见面，要给亲家带些礼品，比如，给未来岳父带烟酒、给岳母带糕点、补品等。

3. 带上彩礼，进门后交给亲家，不需要说是彩礼钱，就说给亲家买点衣服什么的，钱不多，不好意思。

4. 在武汉，提亲人数最好是双数，比如，6、8、12这样的数字。

5. 对女方提出的要求或意见，尽可能表示尊重，依照他们的规矩来

武汉婚嫁礼品

办理，如果出现意见不合，气氛弄僵可不好。

6.武汉提亲时间规定在10点左右到女方家，男方需在上午11点到下午1点间离开女方家。

武汉人结婚的习俗：

1.武汉人对结婚时间没有讲究，中午和晚上都可以，只要觉得合适就行。

2.新娘娘家离武汉车程两三个小时的话，迎新车队要到新娘家去接，必须在中午12点之前接回家。假如实在太远的话，可以选择在武汉宾馆接新娘，这样比较方便，不耽误时间。

3.在武汉结婚习俗中，主婚车颜色没有限制，高档轿车就可以。主婚车用彩带和玫瑰装饰，副婚车用彩带装饰就好。

4.新房的床上铺满花生和瓜子，意味着早生贵子。

5.婚礼上给每位来宾发一盒喜糖，瓜子、糖果等零食分装在盘子里面。

6.酒店布置是用红地毯、鲜花、气球等装饰。

7.为了营造气氛，婚礼现场需要请乐队，在酒店表演节目。

8.婚礼现场新人先入场，然后双方父母，退场时则相反。

9.第三天新娘要带着新郎回娘家。

以上就是武汉提亲和婚嫁习俗，大家可要记住了，万一以后要娶个武汉姑娘或者要嫁个武汉小伙，这些知识可能会用得上！

## 武汉人饮食有哪些习惯

武汉人饮食的原料，多是武汉地区所产，食材的特色和水平，与武汉地区物产资源特色和生产力发展水平相一致。武汉人的饮食文化最鲜明地体现了鱼米之乡的特色，武汉人饮食的主要特点有：

### 稻为主食

京山屈家岭、江陵毛家山、澧县梦溪镇古文化遗址出土的大量稻谷壳、稻谷，表明早在距今8000年到4600年前，荆楚大地就聚居着以种水稻为主的氏族部落。千百年来，随着生产的发展，人民生活的改善，武汉人以稻为主食从未改变，食品制作也走向多样化、精细化，如米粉、米粑、糍粑、年糕、汤圆、粽子等。

### 嗜好鱼肉

考古挖掘曾在武汉地区，发现大量的动物遗骸和栩栩如生的鸡、羊、鱼等动物陶型。这表明武汉地区先民在距今数千年前，就饲养猪、狗、鸡、羊，捕捞鱼蚌。平原河谷地区除禽畜外，以鱼类为重要营养品。山区、平原、丘陵，都吃猪肉、牛肉、羊肉和野味。至今，在荆楚大地婚丧节日宴席中，也是"无鱼不成席"，并且鱼的制作和吃法十分丰富，令人眼花缭乱。

### 蔬食多样

武汉地区民众食用蔬菜瓜果，可概括为鲜、泡、腌、干四字。泡菜历史悠久，常年可做，古往今来在荆楚大地十分普遍。昔日在大别山英霍潜太四县的深山老林里，很多农户家都有几口能装3到6担水的大菜缸。每到秋天，分类装菜，也有将辣椒、萝卜腌在一起的，装好菜，放些盐，压结实，最后放几个圆滚滚的石头，上加木盖，糊泥密封，吃时开缸，满屋溢香。取出酸辣菜放在吊锅上煮，加上季节性的鲜菜如黄瓜、苋菜、扁豆、萝卜等。酱腐乳，吊锅煮咸菜、合鲜菜，红苕饭，炉子火，一家人围坐而食，倒也惬意。无论是泡还是腌，风味独特，酸辣鲜脆，清香可口，开胃下饭。晒干菜也是楚地一道风景。萝卜、白菜、辣椒、茄子、土豆、扁豆、刀豆、金针菜、竹笋等，均可晒干，以备不时之需。

### 汤品繁多

楚地人爱汤与当地的水土、气候及其他条件有关。人们喜爱煨汤：逢年过节要煨汤，生日喜庆要煨汤，贵客临门要煨汤，妇女"坐月子"要煨汤，病人病后补身子要煨汤。煨汤品种繁多，有排骨汤、鸡汤、牛肉汤、羊肉汤。最为珍贵的是甲鱼汤、八卦汤。总之鱼、肉、菜、果、野味、山珍海味都是良好的煨汤原料。一般家庭最喜爱的是排骨煨藕汤。汤的制作方法多种多样，有煮有熬，有煨有炖。家庭煨汤多用"砂锅罐子"。煨汤讲究火候，猛火烧开，文火细煨，即人们常说的"大火煮粥，小火煨汤"。汤汁油而不腻，汤料烂而不糊。

**好酒多茶**

武汉地区港河湖汊甚多，人们种田、做渔业，适当饮酒，可以驱寒祛湿，自古相沿成习。楚地粮产丰富，自古有饮烧酒之习，至今仍喜饮糯米酒。这糯米酒各地叫法不一：有的叫"水老古"，有的叫"双料双"，有的叫"洑子酒"，有的叫"甜酒"或"米酒"等。有资料说，湖北麻城东山老米酒叫"摆头酒"。当今江西、湖北、湖南、四川大范围的人喜爱老米酒，或许与江西填湖广和湖广填四川有关。

这就是武汉地区的饮食习俗，它与江南地区相像，与北方地区差别很大，这样的饮食习俗与武汉地区的地理环境有很大的关系。

# 武汉的"过早"文化是怎样形成的

武汉，在大明朱桢那会儿只能说是个码头，但是地理位置真的很优越。首先，因为长江和汉江的通航条件很棒。从重庆到上海，武汉是一个很重要的途经点。其次，由于码头兴盛，买卖人就聚集在了武汉。尤其是汉口江汉关附近这个天然码头，后来开关贸易之后，武汉的码头地位更是水涨船高。

武汉"过早"

那么这跟"过早"有什么关系呢？

"过早"，从字面上解释为超前、提前。它同时又是湖北地区一种俗称，即吃早餐。由于地理环境和经济活动的关系，人们很早就养成了户外"过早"的饮食习俗。

为什么呢？农业社会，农民一般早出晚归，早餐之后就要投入繁重的劳动中了，而午饭一般是在田间地头啃两个馒头、喝碗水搞定。所以早餐一定要提供一整天的营养和热量。而码头同样如此。船来了，工人们和货主都得在最短时间内完成装卸工作。越快，工人挣得越多。毕竟这是个计件的活儿。那么，对他们来说，早餐就显得格外重要。

直到今天，当地人仍然保持着这一习俗。由于现代生活节奏的加快，加之人们工作、学习的场所与居住区距离的增大，这种"过早"的习俗呈增强的趋势。湖北当地的小吃店极为发达，"过早"的食物也被分为好几种，有热干面系列，牛肉面系列，豆皮、油炸系列等。大街小巷无处不在，生意兴隆，食客盈门。

## 汉剧的影响到底有多大

汉剧旧称楚调、汉调，又名楚腔、楚曲，初步形成于清代康乾年间，至嘉道年间进一步成熟，至今已有近400年的历史。汉剧流行于湖北，远及湘、豫、川、陕、粤、皖、赣、黔、晋等省的部分地区。

汉剧的角色行当较为完整，共分末、净、生、旦、丑、外、小、贴、夫、杂十大行。各行都有自己的表演程序，对兄弟剧种行当的丰富和发展有着较大影响。在中国戏曲发展史上，汉剧为京剧的形成作出过特殊的贡献，对川剧、滇剧、桂剧、湘剧、粤剧、赣剧等地方戏曲剧种也有不同程度的影响，是研究戏曲板腔体系、戏曲音乐结构演变的重要史料和进行艺术创新的资源。

汉剧

汉剧在中国戏曲史上最重大的贡献，就是直接孕育了被称之为"国剧"的京剧。为庆贺乾隆皇帝八十大寿，自1790年起，原在南方演出的三庆、四喜、春台、和春四大徽班陆续进京，湖北汉调艺人亦随徽班"北上"，徽汉相互影响，同时吸取秦腔及昆腔，逐渐融合，演变发展而成"班曰徽班，调曰汉调"的"皮黄"班——"二黄戏"。从声腔、板式、乐器、语音、剧目、演员、服饰、砌末等形成了一个上至清王朝慈禧太后所"独喜"，下至黎民百姓所喜爱的新型剧种——京剧。

汉剧在历史上不仅存在湖北一地，曾有荆河、襄河、府河、汉河四大河派的繁衍发展。汇入汉河为主的汉剧，前期也称为楚曲、楚腔、楚调等，一直是湖北首屈一指的主要地方剧种。楚调形成之后，外省而入的昆腔和弋腔，清戏等均曾被楚调所融汇，昆曲剧目中的长短句套曲声腔，汉剧改造成平板搬演，清戏的剧目也大量改编成皮黄演唱，仅高腔未被湖北汉剧所吸取，由常德汉剧接纳、传唱。

昔日的楚调，在荆楚大地有着"一统天下"的兴旺局面。这是由于汉口一地，九省通衢，占地势交通之利，因居于华中而四通八达，又因为商贸经济带来了地方戏曲的兴盛。地方戏曲的兴盛也推动了经济的不断繁荣，"货到汉口活，戏到汉口红"，成为经济与戏曲共同繁荣的形象写照。

经过400年的发展，汉剧已形成特定的文化内涵。它是历史悠久的文化记忆，也是具有传承性的特色文化。随着汉剧渐渐融入百姓生活，它也成了一种为人所熟知的文化现象，能够帮助人们系统地去认识汉剧，了解古典戏曲文化的精髓，研究具有地域性的文化生活，对丰富人们的精神生活有着积极的作用。

## 武汉的"竹床阵"到底有多壮观

武汉是中国有名的三大"火炉城"之一，夏季气温高达40摄氏度左右，酷热难耐的时间长达两个月左右，这样的气候形成了武汉特有的民习"竹床阵"。那么什么是"竹床阵"呢？

"幕天席地，联榻而寐"便是对老武汉"竹床阵"最生动的诠释。"竹床阵"就是"阵地战"的一种。据一些老武汉人讲，"竹床阵"从新中国成立前一直延续到20世纪90年代。只要酷热天气持续上几天，整个城市的大街小巷，就开始摆满了横七竖八的竹床，一个阵有几百人之多，场面蔚为壮观。

老武汉的"竹床阵"

因为是"火炉"，所以旧时武汉人度暑夜独具特色，别有情趣。每当夕阳西下，那些人口稠密、寸土寸金地带的人们，下班回到家，顾不上做饭，就先到室外去占地盘，洒水，清扫，摆上躺椅、竹床或架起铺板……然后，再回室内做饭。还时不时到室外瞧瞧，看是否有人把竹床等挪动了，把地盘"侵占"了。人口稀疏一点儿地带的人们，虽不用占地盘，但下班回家后到室外洒水、清扫、摆竹床、搁铺仍是每日的必修课。太阳还未下山，街头巷尾到处摆满了竹床。在晚霞的辉映下，"竹床阵"成为武汉街头的特有风景。

夜深了，人们逐渐进入梦乡。恐怕世界上最大的、最壮观的、最齐备的、不用任何修饰的各类人物形体展，就在这武汉夏夜的"竹床阵"中。万籁俱寂，偶尔可以听见拍打蚊子声、男人的鼾声和婴儿的啼哭声。大街上，千人百众，"竹床阵"连绵数里，通宵达旦，堪称一绝。

这就是武汉的"竹床阵"，多么有趣的一种习俗啊，不仅能够解暑，还能增进邻里之间的感情。只是随着科技的发展，慢慢有了电扇、空调之后，这种习俗也渐渐消失了。

## 武汉的高龙是什么样的

高龙是湖北省武汉市的传统民俗舞蹈，属于舞龙的一种。传说龙能行云布雨、消灾降福，象征祥瑞，所以用舞龙的方式来祈求平安和丰收就成为全国各地的一种习俗。

武汉的高龙文化

流传于湖北武汉的高龙属于国家级非物质文化遗产，汉阳高龙与其他舞龙所用之龙迥然不同，它是由一个高龙头和13节龙身、龙尾组成的，它们并非连成一体，而是呈切割式结构。主要通过叩、扫、举、抖、顶、托等舞技表情达意。龙头高约5米，呈"Z"字造型，龙角粗壮，双眼浑圆，托起高龙龙头仰颈视之，只见龙鳞闪烁，龙须飘逸，龙嘴宽深，口内有龙珠滚动自如，并且有响声，龙的额头正中镶嵌着一个"王"字，意为"龙中之王"。龙身分为13节，称"十三太保"，龙尾与普通布龙龙尾相似。作为一种古老的传统民间艺术，据说高龙起源于唐贞观之治时期，距今已有1300多年的历史。最令人好奇的是其龙头颈部及龙身剖面均为太极八卦造型。

高龙主要是从农村流传开的，按照当地风俗，高龙会在农历正月十一日前起扎完成，因为正月十一，是村民们给高龙开光点睛的日子。村里老人笃信，经过祭祀开光的龙灯是真龙现身的"神灯"，舞龙祈福才会灵验。

喜欢看舞龙舞狮的朋友，一定不要错过武汉的"高龙文化节"，一定会让你眼界大开！

武汉的节日习俗与民俗文化

## 归元庙会是怎样形成的

归元庙会是武汉传统的民俗文化活动，是汉阳在清初建成归元禅寺后就有了。从那时开始到民国，每逢农历腊月三十至正月十五，归元禅寺周围，到处鞭炮声声，锣鼓喧天，敬香礼佛，购物观艺。

早期的归元禅寺庙会，内容简单，形式也不是太多，人们主要是游寺庙、数罗汉、观杂耍、逛集市、品素菜等。但正月初一烧头香，正月初五接财神，正月初九玉皇大帝生日，香火十分旺盛，人们纷纷到归元禅寺敬香。民国时，每当农历正月间，四面八方来这里进香的男女香客络绎不绝，尤以正月初九为最盛，所摆长蛇阵竟达十里之长。这一月间，庙的周围，万商云集，百艺杂陈，应有尽有。

归元庙会

新中国成立后，1963年的春节，归元禅寺曾举行过一次庙会，人们游寺庙，数罗汉，品素菜，欣赏各种文娱表演，同时，还能逛集市，购商品，为节日增添了几分喜庆。但这之后，庙会也因为各种原因停了十余年。

直到1977年，归元禅寺重新对外开放，由于归元禅寺的文物与旅游价值不断提升，每年游览、观光、礼佛的人数达数百万，尤其是春节前后更盛，促使归元禅寺庙会又活跃起来。归元禅寺庙会开始由历史上的杂耍集市型向民俗文化等综合文化活动方向转变，有民间民俗文艺展演，有歌舞、曲艺、书画、楹联征对、谜语竞猜等大众娱乐活动，还有各类书籍展销、大型花灯展览及佛教文化活动等。1989年举办的归元禅寺庙会，被命名为"汉阳首届文化赶集会"；1991年被改名为"汉阳文化庙会"，2002年起庙会升级为武汉市级文化活动，正式定名为"归元庙会"。

归元庙会一般从腊月三十至正月十五，这期间，归元禅寺门前5个售票口买票队伍排成5条长龙，门前路上以及寺庙院内人流涌动，尤其以初四深夜至初五拜财神为最。

归元禅寺外围庙会范围扩大到方圆约1平方公里，以归元禅寺门前直通鹦鹉大道的翠微路为主体，西起归元寺门前的翠微横路，东至鹦鹉大道，北抵汉阳大道，南至拦江堤路，中有西桥路，划为庙会区。人们在钟家村附近的汉阳大道、鹦鹉大道和拦江堤路上，就会被翠微横路路口、西桥路路口、翠微路路口艳丽夺目的霓虹彩门吸引，感受到归元庙会洋溢出来的浓烈氛围。无论从哪个路口进去，路上都是人流，路旁摆满服装、玩具、古董、香烛、旅游纪念品和小吃摊，沿街的书画表演、灯谜竞猜活动吸引游人竞相参与，来自东西南北、品种繁多的风味小吃让游客大饱口福，民间艺人现场制售民间工艺品引得不少游客围观购买，犹如置身民间经济文化博览会。

庙会场地最宽敞的地方是翠微路与鹦鹉大道交会处，这里设为庙会民俗文化表演中心。庙会期间只安排一场大型演出，这里车辆交通戒严，彩楼高耸，彩灯高挂，威风锣鼓震天响，中心舞台上轮流表演着各种歌舞、戏剧、曲艺、魔术等节目，而舞龙、舞狮、舞虾、划采莲船、踩高跷、打莲枪、击腰鼓、扭秧歌、跳大头舞之类民俗表演总是最引人兴趣，观众用"人山人海"形容毫不夸张。

归元庙会盛况空前，美不胜收，总使游人流连忘返，意犹未尽。如今，每当新春佳节之际，人们就结伴相约地说："逛庙会，到汉阳去！"

# "贱三爷"有着怎样的故事

2004年，能让湖北人引以为豪的一件事要数系列电视动画片《小子贱三》的片花和宣传海报亮相戛纳电影节了，在时长1分钟的片花中，少年贱三的机智形象吸引了老外们的眼球。

这时我们不禁要问，贱三爷是谁？贱三爷又是谁从老百姓的口中挖掘出来的呢？

武汉人在"骂"那些有福不享、自找罪受的"倔人"时，嘴里时常会出现这样一句话："汉阳过来的贱三爷！"而被人称作贱三爷或说别人生得贱，都成了极其自然的事，就如同被别人亲昵地骂或亲昵地骂别人"你怎么像个苕一样"。

贱三爷是汉阳人，本名叫健，排行老三，故人称健三。由于他家里很苦，所以从小就在地里爬、泥里滚，反而长得结结实实。他聪明机智、喜管闲事、爱打抱不平。关于"贱三爷"的故事也有着不同说法。

贱三爷

说法一：

从前有一个汉阳籍的秀才在省里做大官，此人在家排行老三，人称三爷。由于汉阳和武昌相距不远，三爷老家的乡亲常有事找三爷帮忙，见三爷时每次都会受到看门人的盘问，三爷的乡亲每次都回答："我们是汉阳来的，我们是见三爷的。"时间长了，三爷的乡亲与看门的都认识了，不用打招呼也可以进去了，如果这时有人问看门的，怎么随便放他们进去。看门的就会回答：汉阳的，见三爷。后来就演变成了，汉阳的贱三爷。

说法二：

有一年，正是春播大忙时节，健三家没有牛耕地，他就自己拉着犁来回跑。财主刘善人想雇他看家护院，七找八找找到地头上，啧着舌头说："啧啧！健三，你真是造孽呀！绳子勒进肉里，天上太阳晒，地下水汽蒸，黑汗水流的，晓得几苦哟！干脆到我家里帮我吧，有你吃，有你喝，晓得有几好。看，这是定钱。"健三撇撇嘴："就这么一点点呀！"刘善人连忙说："好办，只要你肯到我家里来，一切都好商量。""这个商量只怕是打不过来哟。"健三嘿嘿一笑，指着脚说："我拉一天犁，可以耕这么大一块地，秋天就收这么大一块地的谷，你能用元宝把这么大一块地铺满吗？"

"么咵？"刘善人吓得舌头伸出来一大截，半天缩不回去。健三继续，"我说这个商量打不过来吧。还是把你的几个臭元宝拿回去吧，用盐腌起来，莫长了蛆嘞！"刘善人气得直跳脚，恨恨地说："健三哪，健三！你真是生得贱哪！"

健三大笑道："哈哈！我就是贱三爷嘛！"

从此，贱三爷的名字就传开了，而且是越叫越响，他的故事也越传越多。

这就是"贱三爷"的故事，虽然说法不同，但都挺有趣的。以后我们身边再有那种自找罪受的"倔人"时，我们也可以玩笑地说他"你这汉阳来的贱三"。

## "老郎"纪念日你知道吗

牌子锣鼓这种传统吹打音乐是湖北省的一个主要乐种，其乐种名称因地而异。有新洲牌子锣鼓、鄂州牌子锣、下陆王寿牌子锣、黄州点子、竹山牌子锣等，它东起黄梅西至宜昌，几乎横跨湖北省。

牌子锣鼓历史悠久，源远流长。根据民间传说和有关史料印证，它是由古代的鼓吹乐演绎发展而来的。鼓吹乐，一开始叫凯乐，原本用于壮军容，表战功。西晋初年，文学家傅玄让鼓吹之乐开始有了辞章，后来应用益广。627年，唐太宗大宴群臣，尚书右仆射封奕德将"秦王破阵"乐用于席间演奏，并大进奉辞。太宗听后，却不以为然地说："朕虽以武功定天下，终当以文德绥海内，文武之道，各随其时。"这之后，就让魏徵、褚亮、李百药改制歌舞，更名"七德"。

自从太宗以后，唐朝就以"七德"为文乐，以"破阵"为武乐。鼓吹之乐则属于文武两类，各依曲词演奏，如舞龙时奏破阵乐，以显武功；舞狮时奏太平乐，以示文治。

然而，民间传说则是：唐明皇李隆基识音乐，经广征博采，将锣鼓音乐引入宫廷，依宫廷诗词歌赋作曲，写在木牌上，供演奏时对照，因此名为"牌子锣鼓"。而为牌子锣鼓作曲的是一名叫"老郎"的乐师，因为他年老，又是司郎，朝廷上下便以"老郎"相称。老郎退休后回归故里，将乐谱秘密传授给民间，深受广大百姓的欢迎。老郎去世时适逢花朝日，他的徒子、徒孙就在这天举行集会，名之"老郎会"，称老郎为"老郎神"。会上都要吹打一番，以示纪念。并规定农历三月十八日为"老郎"纪念日。

可是，以上传说又与史籍或即或离。据记载：自长安以后（指安史之乱），朝廷不重古曲，工伎转缺。……旧乐章多或数百言，武太后时，《明君》尚能四十言，今所传二十六言，就之讹失，与吴音转远。刘贶以为宜取吴人使之传习。以问歌工李郎子。李郎子北人，声调已失，云学于俞才生。才生，江都人也。今郎子逃，《清乐》之歌阙焉。史料中的李郎子是否就是"老郎神"呢？这里也不好妄加评断。

至于民间是否真的存在"老郎"这个人，我们或许已找不到史料可以证明，"老郎"纪念日也不存在了，但牌子锣鼓却留下来了，这还是值得我们骄傲和自豪的。

# 武汉的山水与园林

如果没有去过武汉，大家对武汉的印象可能只停留在黄鹤楼、长江大桥这些从课本中学到的碎片，可是不要忘了，武汉是山水之城，一定少不了名山胜水和园林，下面就让我们一起来领略一下它们的无限风光吧。

# 武汉的山水

## 龟蛇二山背后有着怎样的传说

在长江武汉段，有两座大山隔江相望。它们一座叫龟山，另一座叫蛇山。相传这两座山原本是东海龙王手下的龟蛇二将，他们平素不和，互相瞧不起对方，经常吵架。某天，龟蛇又因琐事发生争吵，一方拿着宝剑，一方拿着长矛，动了真的。二将在厮杀过程中，把整座龙宫搅得波浪翻滚、不得安宁。龙王的宝座都被惊涛骇浪掀翻了，法力低微的鱼虾水族更是死伤无数。于是，龙王决定好好地惩罚一下龟蛇二将。他降旨下来，派二太子捆了龟蛇，一个镇压在汉阳江边，一个镇压在武昌岸边，要这两名大将好好地思过。

虽然受到了严厉的惩罚，但龟蛇二将依然不服气。隔着一条长江，它两开始比赛谁变的山生长速度快。龟蛇运用法力，让两座山争相变大。结果导致长江水道越发狭窄，上游流通不畅，淹没了许多良田村庄。

吕洞宾得知此事后，决心为民除害。他化作一名采药老人，背着药袋和锄头，来到蛇山山麓，挥舞锄头，照着蛇腰挖了一锄头。这一下将蛇将的腰骨挖断了，它疼痛难忍，只好赶紧缩起来，一直缩回到武昌岸上，不再动弹。然后，吕洞宾又过江来到汉阳。他请来能工巧匠，在一夜之间在龟山顶上建造起一座禹王庙。这座庙里供奉着大禹，将龟将镇得全身麻木，唯有慢慢地往汉阳岸边缩。吕洞宾的举措令龟蛇二将终于让开了水道。从此以后，长江流经此地时再也没有阻碍了。

## 龟山的名字是怎么来的

龟山位于武汉市汉阳城北，是武汉市名胜古迹较多的三山之一。它前临大江，北带汉水，西背月湖，南濒莲花湖，与蛇山夹江对峙，形势十分险峻。

根据《禹贡》记载，龟山原名大别山，因山上有东吴大将鲁肃的衣冠冢，后又称鲁山。这个"鲁山"的名字，一直被当地人沿用到明代。因明朝皇帝推崇玄武，一度将玄武册封为帝。当时担任湖北巡抚的王俭为讨皇帝欢心，奏请朝廷，奏请将鲁山改名为龟山，皇帝自然应允。龟山的名字，就是这样来的。

## 蛇山上有哪些名胜古迹

蛇山位于武汉市武昌区长江东岸边，又名黄鹄山、紫竹岭、江夏山等。南宋诗人陆游在其《入蜀记》中将它描绘为"缭绕为伏蛇"，故后人

蛇山

多称其为"蛇山"。它的形状像一条伏于地面的长蛇，头临长江，尾插闹市。

整座蛇山长约1790米，宽25～30米，山势险峻，古迹甚多，风光秀丽，"桃桦深处暖云浮，隔树红装倚翠楼"等诗句中，描绘的正是蛇山的壮丽美景。在蛇山之巅，矗立着黄鹤楼；在长江大桥引桥东头，有一座胜象宝塔；蛇山南麓，埋葬着陈友谅的遗骨；蛇山尾部，可以看到大东门外的长春观；而蛇山中部顶端，则是一座岳武穆遗像亭。除此之外，白云楼、八极楼、静春台、斗姥阁等俱为蛇山上的名胜古迹。在山上，还能找到许多重要的碑刻题记。蛇山"鄂之神皋奥区"的美称，自然是当之无愧。

## 木兰山和花木兰有关吗

木兰山位于武汉市黄陂区前川街道城北，距离武汉城区70公里左右。整座山势呈南北走向，南低北高。林地面积约373公顷，森林覆盖率高达95%，风景十分秀丽。

木兰山与代父从军的女英雄——花木兰有关。花木兰出生在黄陂地区，从小不爱打扮。柔然国不断南侵，朝廷征兵。她考虑到父亲身体虚弱，于是装扮成男子，替父从军，并屡立战功。

木兰山

相传木兰在山上习武，山岭上都留下了她的足迹，山上遍布她用过的竹箭，一派"低眉菩萨红装样，怒目金刚剑侠同"的巾帼英雄气概。当时，后柔然国不断南侵，可汗点兵。木兰女扮男装，毅然代父从军。转战十二载，木兰凯歌还。这时，漫山遍野的竹箭，竟然变成了参天大树，郁郁葱葱，鲜花怒放，姹紫嫣红，好像在迎接木兰将军的胜利归来，又好像在欢庆木兰的丰功伟绩。绿的木兰树，红的木兰花，一经轻风摇动，顿时飞红摇翠，展现出一幅生动的"木兰耸翠"的绚丽图画。12年后，木兰已是一个赫赫有名的将军了，唐太宗要封她为昭烈将军，木兰请求回到父母身边，尽女儿的孝心，远近的乡亲们为木兰的事迹所感动，在木兰山上刻了木兰将军坊。

乡亲们为了纪念这位巾帼英雄，在墓前竖立"木兰将军之墓"的巨碑，并于明万历三十七年（1609）在山上建立了木兰殿、木兰将军坊。从此木兰山名声大振。正如明代诗人徐承颐所写："未有木兰先有山，山名偏借木兰补。木兰与山名俱在，山并木兰争万古。"

## 磨山为什么是武汉的"绿色宝库"

磨山位于武汉市东湖风景区。它居于东湖中心，三面环水，总面积12平方公里。磨山自然风光优美如画，各种奇花异草争奇斗艳。受到雨露与光照的滋养，磨山上生长繁衍的观赏树达250种，植

磨山

株共计200余万株，故人们称磨山为武汉的"绿色宝库"。

在磨山上，有一座植物专类园。这座植物专类园分为若干特色部分，包括樱花园、梅园、荷花园、杜鹃园、盆景园、水生花卉园、蔷薇园、山茶园、竹类园等。其中东湖梅园是全国四大梅园之首，中国梅花研究中心就设在此。梅园中有320多个梅花品种，梅树多达万余株，加上在梅园展览的各色名人书画，真可谓是一片充满诗意的土地。而东湖樱

武汉的山水与园林

花园则采用了日式庭院风格，栽种了30多个品种的樱花树。最为珍贵的是日本前首相田中角荣为缅怀周恩来总理、促进中日友谊而赠送给邓颖超的78棵樱花树。每年4月，磨山樱花盛开之时，枝头花朵白如雪，红如霞，整座磨山的空气中都充满了樱花的香味，成为一片鲜花的海洋。

## 磨山上的郊天坛是刘备转运之处吗

郊天坛位于武汉磨山东一峰。它始建于东汉建安十三年（208年），距今已有1800多年的历史。相传，这里是刘备转运问鼎天下之地。当时刘备还不是皇帝，只是诸侯，按照当时的规定，不能直接祭天，只能祭地。为了达到既能祭天又合法的目的，刘备将这次活动命名为"郊天"，意为乡野祭祀。故此处名为"郊天坛"，而非"祭天台"。

郊天坛

刘备第一次在此处祭天，是其遭到南徐（今镇江）围困之时。当时刘备听从诸葛亮建议，乘船南下，来到武昌。刘备心里不安，弃船登山。在磨山上，遭遇一阵怪风，将刘备头上的帽子吹掉了。刘备大吃一惊，遂登上山顶，在东山头搭台祭天。此时正逢刘备军事困顿，拜祭之后，他的运势果然有所好转，后顺利称帝。第二次祭天，则是在"周郎巧计安天下，赔了夫人又折兵"之后。刘备此次祭天，则是为了感谢上天眷顾。因此，人们都说郊天坛是一片福地。许多游客来磨山游玩，都会上郊天坛祭拜，以求上天保佑，人生顺遂。

摩崖石刻

## 磨山的摩崖石刻上记载着什么内容

摩崖石刻，有广义和狭义之分。广义的摩崖石刻指的是人们在天然石壁上雕刻的所有内容，包括文字、造像和岩画等；狭义的摩崖石刻则专指文字石刻。它是我国古代的一种艺术表达方式，盛行于北朝时期，并延续到隋唐乃至宋元。在摩崖石刻背后，蕴藏着丰富的历史内涵和史料价值。

磨山上的摩崖石刻位于东一峰上。它高8米、宽10米，上面雕刻着南宋中期文人袁说友所作《游武昌东湖》一诗："只说西湖在帝都，武昌新又说东湖。一围烟浪六十里，几队寒鸥千百雏。野木迢迢遮去雁，渔舟点点映飞鸟。如何不作钱塘景，要与江城作画图。"这首诗将东湖的游览史追溯到了南宋，距今800多年的历史。而磨山烟浪亭的名字，也正是取自这首诗的意境。

## 磨山楚天台有何看点

楚天台是磨山上的标志性建筑，屹立在第二主峰上。它仿造古章华台的形制修建而成，高35.26米，正面墙上镶嵌着用600多块天然大理石拼接而成的"楚天仙境丹凤朝阳"图案，楼顶还安放着一只1.2米高的铜凤。楚天台共计六层，总面积达2260平方米，每天都有编钟乐舞的演出可供观赏。其中，最为出名的是歌舞"丹凤朝阳""昭君别乡"以及编钟乐舞"春江花月夜"。另外，楚天台还有楚地出土的大批文物常年展出。在楚天台上，你能够充分地领略到800年前楚地的独特风采。

## 磨山朱碑亭是为了纪念朱德吗

朱碑亭位于磨山西一峰，是一座两层楼亭廊式建筑。它于1978年筹建，1982年落成，主亭高21米，建筑面积共计157平方米，整体造型绿瓦单檐，红漆圆柱。

1954年3月，朱德曾在此地畅游。有感于东湖的美景，朱德为其题词：

"东湖暂让西湖好，今后将比西湖强。东湖有很好的自然条件，配合工业建设，一定可以建设成为劳动人民十分爱好和优美的文化区和风景区。"为了纪念朱德，人们修建起朱碑亭，并将题词雕刻在白色的大理石石碑上。悬挂在朱碑亭正面的匾额，则是郭沫若手书，其笔力雄健，气势磅礴。因朱德热爱兰草，故庭内遍植兰花，满室生香。这些兰花，也象征着朱德高洁坚韧的品质。登上朱碑亭远眺，东湖的风光，尽收眼底。

朱碑亭

# 珞珈山的名字是闻一多取的吗

珞珈山在湖北省武汉市武昌中部，东湖西南岸边，由十几个相连的小山组成，中国著名的高等学府武汉大学就坐落于此。珞珈山海拔118.5米，为东湖南岸临湖最高峰，站在山顶可远眺东湖全景和武汉景色。

珞珈山，原名罗家山，也叫落袈山。珞珈山这个名字，是国立武汉大学首任文学院院长闻一多先生改的。珞，是石头坚硬的意思；珈，是古代妇女戴的头饰。"落驾"与"珞珈"二字谐音，寓意当年在落驾山筚路蓝缕、劈山建校的艰难。

珞珈山

20世纪20年代末至30年代，不少达官巨贾来此修建山庄别墅，较有名者如夏斗寅的"养云山庄"，俗称夏家花园，占地70余公顷；曹祥泰号老板的"种因别墅"，即曹家花园；茶商黄某的黄家花园；还有张难先、李书城、耿仲钊等的花园住宅。武汉大学建校后，重视园林绿化，更把此地区建成丛林茂密、繁花点点，成为游人喜爱的风景胜地。武汉大学校园历经战火摧残，直到新中国成立时，武汉大学校舍虽然存在，但校园荒芜，花园大多数已经湮没，仅存曹家花园。

新中国成立后，珞珈山地区建设迅速，发展很快。坐落在山谷两边岗岭上的武汉大学，校舍俨然，校园多姿，是国内著名的具有光荣革命历史的高等学府之一。

珞珈山顶有一座塔，是水塔，但采用佛教宝塔形，所以也成了一景。塔下数十步，有一处是眺望东湖的最佳处。纵目望去，水天空阔远山隐隐，帆影点点，让人心荡神驰，物我两忘，不知身在何处。珞珈，也被称为武大人最大的福气。

## 武汉海拔最高的山是哪座

古门山景区位于武汉木兰生态旅游区的姚家集镇境内，古门山是武汉境内海拔最高的山，海拔高度582.1米，总面积6600亩，距离武汉中心城区大约75公里，是继木兰山、木兰湖、木兰天池三大景区建设之后，在2003年开发的又一新景区。

古门山

景区有月台观瀑、佛掌岩、扇贝石、金龟石、木鱼石等自然景观43处，其中，木鱼石是古门山景区最奇特的石景，如同天外飞来之物，汲取天地之灵气。很多游客相信敲一敲它就会得到福气、运气和财气。如果来到古门山景区，此景点绝不可错过。

古门山景区经过近几年的发展，知名度也大大提高。再加上武广高铁的运行，吸引了大批广东、福建等地的游客前来观光旅游。

## 梅子山上有梅子吗

汉阳梅子山，位于汉阳城区中北部，东距龟山约1公里，南近琴台路，北临月湖，山体面积84130平方米，海拔84.06米。据史料记载："其山多梅"，故名梅子山。

梅子山在清朝中叶，比园林还清雅。1892年，汉川张竹樵《楚天樵话》记载：在汉阳梅山有逍遥谷，"汉阳诸园亭，推梅子山第一，他处多藻绘，此独以澹瘦胜"。
他同友人酌酒石几，有诗
云："暂憩芳薪到此来，万
竿烟雨旅怀开，石林影静
秋花落，消受湖山酒一
杯。"由此可见，当时梅子
山是游览、纳凉的胜地。

　　嘉庆年间汉阳人萧德
宣曾载舟为梅子山题诗，其中一首是："梅子山头图画开，竹林石磴路迂
回，直从后院穿前户，多少湖山入眼来。"

　　当今武汉市已连片开发建设月湖风景区。梅子山与月湖、古琴台交
相辉映，将成为三镇文化风景的一颗明珠。

　　由此可见，梅子山确实是因山上有梅子而得名。而如今，山上是否
还有梅子已经不重要了，因为山上的景色更吸引人。

## 桂子山上有桂花吗

　　武汉桂子山，占地2000多亩，位于华中师范大学校园内。桂子山以
满山的桂花树而闻名，每年9月，桂树飘香，香飘满园。

　　华中师范大学人种植桂树，从1952年校园迁来现址即已开始。教职
员工日夜开荒，栽种桂树等树苗，以绿化养绿化，当年杂草丛生的猪头
山逐渐变成今日丹桂飘香的桂子山。

　　目前，华中师范大学校园有桂花成年大树2万株，绝大多数树龄在30
年以上。规模在全国高校中独一无二。每年秋季，游客满校园。有人称
赞桂花的味道，"清芬一日来天阙，世上龙涎不敢香"。有人醉心繁盛花
枝，"叶密千层绿，花开万点黄"。近年，随着华中师范大学校园景观的
升级，桂花越来越受人关注，名声直追武汉大学樱花。如果去武汉，一

武汉的山水与园林

定不要错过。

## 武汉最古老的山是哪座

喻家山位于华中科技大学北部，高149.5米，面积1.89平方公里，喻家山岁数已逾亿年。早在古生代，武汉地区就发生过多次海陆交替，那时海水曾侵入武汉的地壳表层。到了侏罗纪时期，长江中下游和我国北方大部分地区又发生了一次较大的地壳运动——燕山运动，进而把这些地层掀起为山。要知道世界最高的珠穆朗玛峰也不过3000万年，而海拔只有百余米的喻家山，相对于珠峰来说，却是老前辈了。

喻家山是华中科技大学的一个标志，也是每一个华中大人的自豪。由于喻家山的原因，华中科技大学也被称为"喻园"。由此可见，喻家山在华中大人心中的分量。对每一个在这所大学学习生活过的学生来说，喻家山多少都留给了他们一些回忆，成为未来人生过往的美好片段。

喻家山

喻家山不像珞珈山那样沉重，积淀着太多的历史责任；也不像桂子山那样简洁坦率地将心迹暴露给过客。它应该是深邃的、正直的、博大的，它所承载的文化，应该是年轻的、热诚的、活泼的，它是华中大人心目中的一座山，一座伟大的山。

## 历史上有多少名人游览过东湖

武汉东湖生态旅游风景区，简称东湖风景区，位于湖北省武汉市中

心城区，是国家5A级旅游景区、全国文明风景旅游区示范点、首批国家
重点风景名胜区。

东湖因位于武汉市武昌东
部而得名，东湖现在是中国水域
面积广阔的城中湖之一，水域面
积达33平方公里，是杭州西湖
的6倍。它位于长江南岸，是由
长江淤塞而形成，100多年前曾
和武昌其他湖泊相通并与长江

东湖

相连，水患频繁。1899年至1902年，湖广总督张之洞下令在长江与东
湖之间修建了武金堤和武青堤，并在堤防上修建了武泰闸和武丰闸。在
人工干预下，从此东湖及其周边的湖泊与长江分离。

武汉东湖是以大型自然湖泊为核心，湖光山色为特色，集旅游观光、
休闲度假、科普教育为主要功能的旅游景区，每年接待海内外游客达数
百万人次，是华中地区最大的风景游览地。2014年前是中国最大的城中
湖，2014年因武汉中心城区扩大，东湖退居武汉市江夏区的汤逊湖之后，
是中国第二大城中湖。

东湖生态旅游风景区面积88平方公里，由听涛区、磨山区、落雁区、
吹笛区、白马区和珞洪区6个片区组成，楚风浓郁。湖岸曲折，碧波万顷，
青山环绕，素有九十九湾之说。武汉大学、华中科技大学和中国地质大
学等全国重点大学坐落在东湖湖畔，成为一道绝佳的风景线。

那么你知道历史上有多少名人游览过东湖吗？

自古以来，东湖就是游览胜地。屈原在东湖"泽畔行吟"；楚庄王在
东湖击鼓督战；三国时期，刘备在东湖磨山设坛祭天；南宋诗人袁说友
用"只说西湖在帝都，武昌新又说东湖"赞美东湖；李白在东湖湖畔放
鹰台题诗。新中国成立后，毛泽东先后视察东湖44次，在东湖接待了64
个国家的94批外国政要；朱德在50多年前写下"东湖暂让西湖好，今后

武汉的山水与园林

将比西湖强"的诗句；当代作家陈运和在其散文《长江，中国的肠；东湖，武汉的胃》中，夸奖"曾消化过多少历史故事，也健壮了一座城市肌体"。近现代还有九女墩、陶铸楼、屈原纪念馆、朱碑亭等历史文化遗址，均在此。

这么多历史名人都游过东湖并为东湖作诗，可见东湖是多么美丽的一道风景啊！

## 汤逊湖是亚洲最大的城中湖吗

汤逊湖位于湖北省武汉市东湖高新技术开发区，是亚洲最大的城中湖。汤逊湖东南邻江夏区，北靠武汉市中环线公路和华中农业大学，西边为老武纸公路，纸李公路直通景区，东面江夏大道贯湖而过。

汤逊湖

汤逊湖自然风光优美，湖水清洁，湖体自净化能力强。主产长江流域淡水鱼类、菱、莲、藕、芡实等，年水产品产值约1027万元。2014年5月，根据武汉正式发行的《武汉湖泊志》中显示，汤逊湖已经取代多年来一直被称为"中国最大城中湖"的东湖，成为中国以及亚洲最大的城中湖。

## 木兰天池是花木兰的外婆家吗

木兰天池风景区位于湖北省武汉市黄陂区长轩岭镇的石门山，在木兰生态旅游区西部，东与木兰山、木兰湖毗邻，是国家5A级旅游景区，也是中国国家级森林公园。

木兰天池有一条长达5公里的大峡谷，由飞瀑、溪潭、怪石、奇木"四绝"构成的自然景观达200多处，可谓"十步一景，百步一绝"。峡谷两头挑着明镜一般的高山湖泊，大小天池的上下落差有380多米。这里素有"湖北的九寨

木兰天池

沟""武汉的庐山"之称。据当地百姓口头相传，这里是木兰将军的外婆家，是她小时候生活、习武的地方。这里还是国家主席李先念同志生活、战斗过的地方，至今还保留着许多革命遗址呢！

## 梁子湖有着怎样的传说

梁子湖是镶嵌在江汉冲积平原东南边缘上的一颗璀璨明珠。梁子湖是湖北省容水量大的淡水湖之一，湖面面积位居全省第一，是驰名中外的武昌鱼的故乡。

关于梁子湖有这样一个传说：

相传很久以前梁子湖是一块陆地，叫高唐县，县城热闹繁华，百姓安居乐业。

有一年来了个县官，名叫何海仁，他一上任就不做好事，专欺压百姓，整天茶

梁子湖

馆进、酒馆出，不察民情，不理民事，见到漂亮女子就抢进县衙，见到黄金白银就塞进腰包，闹得鸡犬不宁，民不聊生，民间怨声载道，老百姓都叫他"活害人"。

一天中午，大街上突然来了个疯和尚，手里拿着一把破雨伞，口里高喊着"换伞了，坏伞换个好伞啦！"人们只当他是疯子，谁也不理他。后来，和尚看见一户姓樊的母子站在门口，连忙上前拱手说道："天马上要下雨了，贫僧的破伞遮不住雨，挡不住风，求你广结善缘，换把好伞给我赶路。"姓樊的妇人见他可怜，叫儿子将家里的一把油布伞换给他了，僧人谢过以后，小声对妇人说道："三天以后高唐县要沉入湖底。你叫儿子每天去县衙门口望望石头狮子，要是石狮口里流血，你母子就朝高山上跑，不然就会淹死的。"妇人还想问个清楚，和尚已不见了人影。妇人一看，这和尚必是高人，他的话虽不可全信，但也不可不信。

第二天，妇人叫儿子去看石狮子，儿子回来说，没见口中流血。第三天儿子又去了，正看得入神，来了个屠户，奇怪地问："你昨天来看石狮子，今天又来看石狮子，莫不是有什么名堂？"他老老实实地回答："我娘听人说，石狮子口里流鲜血，高唐县就要沉，叫我天天来看是不是真的。"杀猪的屠户哈哈大笑："哪有石狮子口里会流血的呢？"说完就走了。

屠户是个爱开玩笑的人，当夜杀完猪后，把一碗猪血泼在石狮子口里就溜走了。天刚麻麻亮，樊伢子看见狮子口里真的有血，赶快回家告诉娘。娘说："快去告诉左邻右舍往山上跑！"母子二人，家家送信，等百姓都跑光了，娘儿俩才朝山上奔。跑去县衙门口，看见里面灯火辉煌，"活害人"还在饮酒作乐。娘说："儿啊，行个善，喊他们一声吧。"儿说："'活害人'害了多少人，莫管他们！"话音刚落，一时间天崩地裂，几丈高的水头翻滚过来，县衙转眼就不见了。儿子忙把娘背在身上，但四处无路，突然看见很大一片荷叶浮在水面，娘儿俩赶紧爬了上去。说来也怪，这荷叶便将母子二人托住了。水涨荷叶高，叶不动，茎不摇，稳稳当当。这时"活害人"正在水里挣扎，大喊救命，儿子说："你残害了多少百姓，今天让龙王收拾你吧！"恰好一个浪头打过去，把"活害人"卷入水底喂了鱼。

从此，高唐县就变成了百万亩的湖泊，樊家母子坐的那片大荷叶，变成了一个洲，就是传说的"沉了高唐县，浮起荷叶洲"。人们为了感谢这娘儿俩的报信之恩，就将大湖取名为"娘子湖"，后来人们就叫成"梁子湖"。年深月久，荷叶洲住的人越来越多，逐渐形成了今天的梁子镇，也叫梁子岛。

这就是"梁子湖"的传说，为梁子湖增添了一抹传奇的色彩。

# 武汉的园林

## 沙湖的琴园是仿照大观园建造的吗

　　沙湖位于武汉市武昌东北部，东邻中北路，南至小龟山，西抵武昌至大冶的铁路线，北达徐东路。清末修筑的粤汉铁路穿湖而过，路的西侧是小沙湖又名内沙湖，现在已近乎湮没；路的东侧为大沙湖又名外沙湖，即现在的沙湖。

　　历史上，沙湖有过自己的美丽与风光。明太祖朱元璋封其第六子朱桢为楚王，朱桢就藩武昌长达50多年。沙湖景色秀丽、环境优美，很受朱桢的喜爱。沙湖边的芦苇常被朱桢制成音质优美的芦笛，故沙湖又名"歌笛湖"。清末湖北道员任桐极爱沙湖之美，曾自封"沙湖居士"，别号琴父。任桐在沙湖边仿《红楼梦》中大观园修建了中国第一个带有现代特征的游乐公园，并以"琴园"命名，园内按四季造景，春景有花柳塘，夏景有荷塘，秋景有月榭，冬景有梅岭，园中还有"乐乐厅"等建筑。同时在庭院边修了一条路接通长江与沙湖，名为"琴园路"。园林建成后，轰动一时，成为当时著名的庭院，为当时聚居武汉的各路文人雅士必游之地。康有为曾经为之作联："琴谱茶经，轮换风雅；园花池月，悟彻禅机。"抗战时期，琴园被毁，琴园路也被讹传成秦园路，不过自20世纪90年代起，湖北大学经过修建和改造，在沙湖边重修了一个琴园以供学生休闲和学习。

也就是说，现在的琴园已经不是当年的"大观园"了，但也是一处值得驻足的景点。

## 常青公园的前身是苗圃吗

常青公园的前身是江汉苗圃，位于汉口常青路西侧，占地面积25.46万平方米，绿地率为91.93%，于1997年开始建设。该园拟建成一座具有欧式风格的公园。首期已经建完并且对外开放。

公园分为青少年儿童活动区、中心游憩区、老年活动区、西部游憩区、生产区、职工生活区及公园管理处7个部分。青少年儿童活动区位于公园两个主入口之间，占地3.5万平方米，包括公园东大门、理想广场、青少年之家、儿童

常青公园

游戏场等项目。公园植物配置以常绿植物为主，结合分区和立地条件成片配置观花观叶植物，形成丰富的季相变化和景观特色，根据不同景区要求，选用不同的植物材料，进行主题创作和植物造景。

## 万国公园为什么被称为"遗失的国度"？

北纬30°是一个神秘的纬度。地球上诸多奇迹和奥秘，皆分布在这条纬度线上。属于武汉的北纬30°，也有这样一个充满神秘与魅力的地方，它就是万国公园。这座公园最早于1996年开始建设，原计划打造成一个类似深圳世界之窗的主题公园，但由于资金不足和交通问题，1999年被迫停工，成为烂尾工程。

武汉的山水与园林

101

而它之所以能够在十几年后再度被人们提起，还得得益于社交媒体的传播。2013年，因为有人在社交平台上上传了一组"武汉神秘金字塔"的照片，这里再次被人们熟知，渐渐地也吸引了许多的游客来到这里打卡，这里虽然看上去和公园两个字并不搭配，但是景区内"金字塔"和哥特式建筑，形成了一种独特的氛围，让人感觉仿佛进入了一个与世隔绝的神秘国度，进一步增添了它的神秘色彩。

古堡不远处是一座狭长形的建筑，不高，大概有3米，拱门上方的墙壁

万国公园

上刻着几行文字。顺着门走进去，内部是一条长长的走廊，立在两旁的柱子有些斑驳，但还能辨认出最初的样貌。继续往前徒步约半小时，传说中的"金字塔"终于出现在眼前。这是三座用水泥和红砖垒起来的微缩版"金字塔"，高度不等，部分水泥已经脱落，露出里面的红砖。"金字塔"附近是一座高约6米的仿神庙建筑，"神庙"由若干根巨大的水泥柱子支撑，柱子上刻着一串串神秘的符号，猜不透其中含义。

这些隐藏于阡陌中的"神迹"，实际上是一座废弃17年的仿古建筑群。如同被人遗忘的"世外桃源"，此处一经发现，立刻成为摄影爱好者的新宠，三四月阳光明媚，草木青翠、百花鲜妍，古建筑掩映其间，有种融复古与时尚、颓败与鲜艳的奇特气质。"神庙"前的一处草地，也成为人们野炊、烧烤、享受日光浴的新去处。

2006年，滨湖村划归东湖风景区。如今，万国公园作为东湖绿道白马洲段的一部分，作为免费开放景区，每年春天，其油菜花田与园内斑驳的欧式石柱相互映衬，吸引众多游客前来观赏。此外，因其独特的仿古建筑和神秘氛围，这里也成为了摄影爱好者的青睐之地。

# 中山公园为什么被誉为城中绿宝石

武汉市中山公园位于汉口解放大道，是全国百家历史名园之一，国家重点公园。公园占地32.8万平方米，其中陆地26.8万平方米，水面6万平方米，绿化覆盖率达到93%。中山公园始建于1910年，经过几代人的艰辛努力，已成为集休闲、娱乐、游艺等多项服务功能于一身的大型综合性公园，是武汉闹市中的"绿宝石"，年接待游客量1000余万人次。

公园前身名叫"西园"，始建于1910年，为私人花园，占地3余亩。

1914年"西园"扩建至20多亩。1927年，汉口市国民政府将西园收归国有并确定建为"汉口第一公园"。1928年，原汉口市政府倡导建中山公园，李宗仁先生等认可，将汉口第一公园改名为"中山公园"，并于1928年10月12日扩建开工。

中山公园

1938年4月9日，郭沫若领导的三厅在中山公园举行万人抗日歌咏活动，郭沫若、田汉讲演后，由冼星海、张曙指挥，抗日歌声响彻云霄。

中山公园分前、中、后3个景区：前区是中西合璧式的园林景观区，保留了中国传统园林风格及历史建筑，有棋盘山、四顾轩、茹冰、松月轩等园林景点；中区是现代化的休闲文化区，以受降堂、张公亭、孙中山宋庆龄铜像、大型音乐喷泉和多组雕塑为代表；后区为大型生态游乐场，游乐项目有40余项，如过山车、摩天轮、激流探险、豪华碰碰车等。

这颗"城中绿宝石"是需要人们共同保护的宝藏。

武汉的山水与园林

## 汉水公园以前是垃圾场吗

汉水公园坐落于武汉市汉阳区郭茨口汉江之滨，原址为郭茨口垃圾场，经武汉市人民政府批准，1994年筹建，1996年正式对外开放，在污染源上建公园属全国首创。

公园利用国家二级保护植物"对节白蜡"等湖北地域盆景资源，采用楚天派树石盆景的艺术手法，选取中国传统的地盆制式集中栽植的大中型桩景在武汉市极为少有。

园内建有三峡石、太湖石、灵璧石、硅化木等多处独立成景的原石自然景观，建成了惟妙惟肖的以灵璧石为主的十二生肖园区，以产自辽西和缅甸的赭黄色的古树化石为主的硅化木园区，其木化石林，不论单株规格的体量还是植株的完整程度，都堪称中南地区之最。

汉水公园滨江滨水独特的地理位置，为武汉市凸显两江四岸的景观特色增添了一道亮丽的风景线。

## 洪山公园里的岳飞松是岳飞亲手所植吗

洪山公园

洪山公园位于洪山宝通寺左侧，始建于20世纪50年代，总面积为9.97公顷，是一座开放式的公园。公园依山而建，园中树木参天、环境优美，其代表建筑是"施洋烈士墓"。

公园中颇有名气的景观是岳松，传说是岳飞亲手植下的，历代书籍多有记载，但是时存时无。现存的岳松至少是第三代。也许树不再是当年岳飞亲手植下的那一株，但只要能体味岳飞刚直不阿、精忠报国的精神也足矣。

民间关于宝通寺岳飞松的说法不少，就是寺中的老僧也是各执一词。有说现存的岳松为1株、2株、8株的；还有人说为了纪念岳飞，满山的松树都称为岳松。对于岳松的栽种年代，有说是岳飞当年亲手所栽，也有的说是1949年栽的。权威的说法应是1990年《湖北省志·文物志》所述：相传南宋岳飞驻军武昌时，亲植松树数十株于此……清同治年间予以补栽……现存3株。

在三株岳松中有两株很容易认出，一株高大挺拔树径居全山松树之冠，一株苍老遒劲树形别具一格。这两株岳松都被列为武汉市古树名木。另一株在被忽略多年后也被砌筑护坡加以保护。


## 解放公园曾经是私家园林吗

解放公园，1952年始建，现已成为武汉市大型公园之一。公园东部景区从入口起建有主轴干道，沿道两侧依次置有瓶形花坛、万人绿茵广场、盆景园、荷花池、睡莲塘、中心花坛、露天剧场、水杉林、朝梅岭、苏联空军志愿军烈士墓。

说起解放公园的历史，这里最早是本地一个大户人家的私家园林，后来转手，在现在儿童乐园那一片地上，用铁丝网圈起来一大块地，作为英、法、俄、德、日、比六国洋人的跑马场，本地穷苦人是进不去的，就连看热闹的份儿都没

解放公园

有，更别说是参加娱乐活动了。在1955年武汉解放六周年的日子，公园建成并对外开放，取名为"解放公园"。如今武汉市政府对解放公园进行了彻底改造，全天免费对市民开放。

改造后的解放公园，从永清街临解放大道路口大门至二号门，形成

武汉的山水与园林

一条主干线，也是公园的"龙脉"。这条"龙脉"由一号门经中心广场、原露天剧场、文华桥至二号门大转盘。公园沿线树木夹道，鲜花造景，十分亮丽。园内柳暗花明，亭临清流，桥横波影。

特别是那条环湖，它像一条翠带环绕整个公园，形成了以湖水为特征的园林绿化中心，使公园的景色更加秀丽。

## 武汉特色主题公园有哪些

### 武汉最洋气的江滩鹦鹉洲桥主题公园

江滩鹦鹉洲桥主题公园算是武汉的第一座桥梁主题公园，在鹦鹉洲长江大桥下可以近距离观赏大桥，一睹在江底沉睡500年的古树风采，还可以了解世界名桥的历史。

公园内的雕塑都是根据鹦鹉洲大桥上的部件而设计，比如鞍座、拉索、沉井等。另外，公园内还建起了长约120米、高约3米的桥梁主题雕塑墙，刻满了形态各异的桥梁图案：从赵州桥到武汉长江大桥，从英国的伦敦塔桥到美国的布鲁克林大桥。

在这里还可以看到龟山电视塔、长江大桥、黄鹤楼等，一眼望去，江面开阔，视野阔达。

最值得称赞的要数观光楼梯，塔顶有武汉首个长江大桥观景平台。想象一下，在离江面约130米高的地方，瞰武汉三镇，是一种怎样的体验？

### 华中地区最大的红色主题公园——共产党人主题公园

华中地区最大的共产党人主题公园在武汉南湖。这座主题公园占地30万平方米，没有刺激尖叫的过山车、水上滑梯或打扮成卡通人物的演员，有的只是红色主旋律。

### 国内最大的足球主题公园——沌口足球主题公园

这一公园坐落于南太子湖畔，毗邻武汉体育中心、地铁3号线、东风高架桥和经开万达广场，是目前国内面积最大、赛场数量最多的单体露天足球场，全部按中国足协规定的人造草地足球场标准进行建设。集全民健身、体育训练、休闲娱乐、生态景观功能于一体，占地860.3亩，总投资约3亿元。公园分A、B、C三个区，分别为网球公园、足球公园、乒乓球公园。

### 带森林小屋的临江乐园——青山新江滩

青山新江滩的第一大特点是它面朝西，让赏夕阳成为最美的事。主体道路，放弃了坚硬的水泥路，多铺设彩色防滑的健身场地材料，看上去有点像海绵的意思。走进森林小屋，简直像步入了童话世界。除了自行车道，木栈道也是标配，走在上面感觉立马来了。还有临江免费的儿童乐园，就像软绵绵的彩色糖果。还有一款公共棋台，小链子拴着的吸铁石，隔着玻璃挪动一下，非常有趣。

### 满足你所有少女幻想的花园——木兰玫瑰庄园

木兰玫瑰庄园3000多亩的玫瑰园，140多个品种，一年四季次第开放，任何时节都有花可赏。

这里是武汉地区丰富的天然氧吧，园区内山岭起伏、湖泊点缀，植被资源十分丰富，空气富含负氧离子。还有荷兰风车、热气球、德式木屋、小天使、古典马车等浓浓的浪漫田园风情。园区内还有瀑布、爬山、眺望台、滑草等，不过光是玫瑰就看不过来啦。

园内有一个玻璃做的"玫瑰花园生态餐厅"，在这里办一场婚宴绝对够浪漫。

### 全球首个室内电影乐园——万达电影乐园

武汉万达电影乐园总建筑面积10万平方米，是在楚河汉街西端建造的全球首个室内电影主题乐园。

电影乐园拥有太空剧场、飞行剧场、互动剧场、5D剧场、4D剧场、体验剧场6个高科技主题娱乐项目，堪称"好莱坞顶尖科技主题乐园"。

以尖端科技，带给每一位游客震撼体验。

### 国内首个玩购主题乐园

国内首个玩购主题乐园是位于武汉华侨城度假区的"玩购主题乐园"，它是"欢乐童年儿童公园"的主体项目，包括欢乐谷、玛雅海滩水公园、生态艺术公园3个文化主题公园，于2014年在华侨城试运营。

玩购主题乐园里还拥有一个"主题美食玩购公园"。无论是想要寻找精美的儿童主题商品，还是与家人共享佳肴美食，遍布街区的各种商店和餐厅可供尽情选择。

### 亚洲唯一室内冰雪主题公园——奥山欧悦室内冰雪主题公园

3000平方米的奥山欧悦室内冰雪主题公园区域，拥有800平方米真冰溜冰场、5条冰雪冲浪滑道、冰雪主题酒吧、冰雪企鹅屋等高端设施，让游客置身高品质室内冰雪天地。奥山欧悦室内冰雪主题公园成为亚洲唯一室内冰雪主题公园！

公园位于武汉青山区和平大道与武汉二环线的枢纽武汉二七长江大桥的交会处。

## 江滩公园为什么被称为"神来之笔"

汉口江滩公园上起武汉客运港，下至丹水池后湖船厂，全长7公里，分三期进行规划建设。第一期工程从武汉客运港至粤汉码头长1.04公里，绿地面积14万平方米，以大面积绿化和滨江公共休闲活动空间为主，展示城市景观。第二期工程从武汉长江二桥至三阳路段，于2003年9月28日对市民开放，形成

江滩公园

2.4公里长的"绿化滨江长廊"。江滩公园保持了亲水、生态、休闲的特色。

汉口江滩公园一期工程设置了武汉关、兰陵路、黎黄陂路等入口，为武汉市的滨江特色画上"神来之笔"，得到广泛好评。江滩公园二期工程于2002年12月11日正式开工，从粤汉码头至长江二桥，全长2.4公里，二期工程总面积达78公顷，气势更加恢宏。江滩公园二期主体部分的28.8米平台由建设精美的市政广场区、绿化健身区、园艺景观区组成，建有码头文化广场、滨江广场、玻璃广场和步道等。其中玻璃步道和广场颇有特色。步道桥面全为玻璃，与广场相连，照明由池壁的蓝色射灯、喷泉下的射灯和玻璃桥面灯组成。玻璃广场安装了由6000余只冷阴极管组成的大规模"霓虹灯阵"，采用"全色彩渐变扫描技术"进行控制，可循环产生8000多组多彩画面。据悉，这是中国首次在地面上采用这种亮化手段，是江滩公园工程一大亮点。

光是听着描述就已经能感觉到江滩公园的景色有多么壮观了吧，不愧被称为"神来之笔"。

## 宝岛公园的龙虎塔是仿中国台湾的龙虎塔建造的吗

宝岛公园原名鲩子湖，位于武汉市汉口城区中心地带，邻台北路、台北二路和高雄路，占地16万平方米。

公园环湖而建，风景优美，周围居民区林立，是市民休闲锻炼的好去处，闹市中的幽静之地。

宝岛公园

公园湖水清澈，水生植物品种繁多。园内有龙虎塔，是仿台湾省的龙虎塔建造，现今可以在塔中品酒煮茶，体验城市慢生活的情调。2007

年，武汉市政府对宝岛公园进行了改造。新种植树木1300余株，景观竹2000余株，并形成8个绿化亮点。环岛路的沥青加铺5000余平方米，湖心岛1200平方米的休闲广场。路灯200盏，地角灯30盏，并对龙虎塔进行亮化电器安装。总投资约400万元，于2007年底全面完工，使宝岛公园更加秀丽、整洁，环境建设达到新高度。

如果你有时间不妨来武汉的宝岛公园游览一下。

## 戴家湖公园为什么被称为"灰土上的花园"

戴家湖原湖面面积973亩，是鱼肥草美的湖泊。20世纪50年代，为支援武钢建设，戴家湖成为青山热电厂粉煤灰堆场。而后，该湖被填埋成山，又被挖平成垃圾倾倒地，其导致的环境污染等一系列问题，让周边居民苦不堪言。从20世纪90年代起，戴家湖成为青山区每年两会上的热议话题。

戴家湖公园

2014年，武汉市青山区投入巨资修复戴家湖。不久，在戴家湖原址上建立起的戴家湖公园正式对外开放，成为武汉第三大城市公园。

武汉有"百湖之市"之称。在武汉消失的湖泊中，戴家湖是第一个"死而复生"的湖泊。

戴家湖公园位于武汉城市环线与高铁交叉线上，占地50万平方米，其中绿化面积42万平方米，湖泊水面4.7万平方米，是集生态防护、景观观赏、休闲健身、文化展示和公共服务等多功能于一体的生态型公园绿地，是一个天然的氧吧。

园内绿意葱茏，紫茵台、芳草园、时光道、工业记忆园、柳荫广场、湖心岛等景点各具特色。在公园入口处，还保留有一截长约10米、高约2米的粉煤灰层断面，"灰土上的花园"，唤起人们对那段灰色历史的记忆。

为铭记过去，警示未来，在园史馆门口，武汉戴家湖公园管理处特意立下一块碑文，记录了戴家湖47年的命运变迁。碑文结尾写道："47年间，戴家湖'让湖变湖，叫山变山'的命运，终于画上句号。'扭曲'自然是葬送人类的明天。今天，我们立碑记载武汉城市工业化进程中的这段'弯路'，只为：永远不再出现这种伤害！"

# 武汉的人文景观

武汉是一座极具历史气息的城市，自新石器时代古人手中的第一件彩陶、盘龙城拔地而起的宫殿、曾侯乙那跨五个半八度音域的青铜编钟、元青花精美绝伦的四爱图梅瓶……这座城市，自古就不缺少故事。武汉的博物馆大大小小有102所，每一所都承载着这座城市的脉搏，涌动着，跳跃着，吸引着人们为这座城市痴迷。

# 武汉的博物馆

## 湖北省博物馆是湖北唯一的省级综合性博物馆吗

　　湖北省博物馆位于武汉市东湖风景区，是全国八家中央地方共建的国家级博物馆之一，也是湖北省唯一的省级综合性博物馆。它的前身是新中国成立之初成立的湖北省人民科学馆。

　　1953年，经湖北省人民政府批准，在原科学馆的基础上成立了湖北省博物馆的筹备处。筹备处最初位于水陆街，1956年迁至武昌水果湖，

湖北省博物馆

1960年又迁至东湖湖畔。1963年，湖北省人民科学馆更名为湖北省博物馆，并正式建成，对外开放。

目前，湖北省博物馆总占地面积达81909平方米，建筑物具有浓厚的楚地风格。它整体上采用一主两翼、中轴对称的布局，馆舍则由编钟馆、楚文化馆、综合陈列楼组成。馆内的藏品反映了湖北从原始时期以来各个历史时期的社会制度、社会生产和社会生活，它们大多数来自考古发掘和各地征集。不论是陶器、瓷器、青铜器、漆木器，还是简牍、兵器、古乐器、金玉器，湖北省博物馆都有。收藏于此的各类标本文物多达14万件，其中一级文物有近千件，位居全国省级博物馆前列。

## 湖北省博物馆的四大镇馆之宝有哪些

湖北省博物馆有四大镇馆之宝，它们分别是越王勾践剑、曾侯乙编钟、郧县人头骨化石以及元青花四爱图梅瓶。

◎ **越王勾践剑**

越王勾践剑是春秋晚期越国的青铜器。1965年冬，出土于湖北省荆州市江陵县望山楚墓群中。这把剑身上镀了一层含铬的金属，故而千年不锈。它高55.7厘米，宽4.6厘米，柄长8.4厘米，重875克，十分锋利。剑上刻着

越王勾践剑

"钺王鸠浅，自乍用鐱"八个字，由此可知，它便是史上卧薪尝胆的越王所用之剑。据在场考古工作者回忆，这把剑出土时曾将一名工作人员的手指割破，顿时血流不止。又有人想再试试它的锋芒，稍微用力，这把剑便毫无阻碍地划破了16张白纸。

相传勾践曾经把女儿嫁给楚昭王，嫁女时，把这把剑作为随礼送到了楚国。后来，楚王把它赐给了一名贵族。于是，越王勾践剑便成了这位贵族的陪葬。越王勾践剑制作精美，历经2400多年依然锋利无比，被人们誉为"天下第一剑"，堪称我国国宝。

◎ 曾侯乙编钟

曾侯乙编钟是战国时期的文物，1978年在湖北随州市成功发掘。古人用青铜铸造成大小不同的扁圆钟，再按照音调高低的次序排列起来，悬挂在一个巨大的钟架上，于是这座编钟诞生了。编钟的最上层3组19件为钮钟，形体较小，有方形钮，有篆体铭文，但文呈圆柱形，枚为柱状字较少，只标注音名。中、下两层5组共45件为甬钟，有长柄，钟体遍饰浮雕式蟠虺纹，细密精致，外加楚惠王送的一枚镈钟，总共有65件。钟上有错金铭文，除"曾侯乙作持"外，都是关于音乐方面的。相传，镈钟铭文上的楚惠王熊章就是楚昭王的儿子。为了报答其父楚昭王在柏举之战时到曾国避难，故赠送此钟。

曾侯乙编钟至今仍然能演奏出乐曲。用丁字形的木槌和长形的棒分别敲打，就可以听到不同的乐音。它的音域横跨五个半八度，十二个半音齐备。因其高超的铸造技术和良好的音乐性能，被中外学者称为"稀世珍宝"。

◎ 湖北郧县人头骨化石

早在1975年，就有人在湖北郧县发现了古人类牙齿化石。1989年，该地又发掘出一块人头骨化石。一年后，湖北省文物考古研究所来到郧县进行考古发掘，再次发现一块人头骨化石。这两块人头骨化石都保存了完整的脑颅和基本完整的面颅，经考证属于直立人类型，学者们将其命名为"郧县人"。

◎ 元青花四爱图梅瓶

元青花四爱图梅瓶高38.7厘米，口径6.4厘米，底径13厘米，是一尊元末明初景德镇产的青花梅瓶。它于2006年出土于湖北省钟祥市明代郢靖王墓，相传是郢靖王妃郭氏珍爱之物。郢王去世后，郭氏对镜梳妆后自尽，与夫君合葬，生前珍爱的元青花四爱图梅瓶成为陪葬品，见证了这位王妃为夫殉情的凄婉故事。该梅瓶器腹中部绘有《王羲之爱兰》《周茂叔爱莲》《陶渊明爱菊》《林和靖爱梅鹤》图案，足部饰仰覆莲纹。三层纹样以卷草纹、锦带纹为界。白釉泛青，色彩青翠艳丽，是罕见的元青花精品。

## 湖北省博物馆的曾侯乙编钟奏响过几次

曾侯乙编钟出土后，曾有三次奏响。第一次，是在1978年。当时编钟刚刚出土，文化部的音乐家闻讯迅速赶到随州，在一处修理厂内对全套编钟逐个测音。该年8

曾侯乙编钟

月1日，沉寂了2400多年的曾侯乙编钟，在音乐家与考古学者的手中，重新向世人发出了它那浪漫的千古绝响：以《东方红》作为开篇，再演奏古曲《楚殇》、外国名曲《一路平安》，接下来是民族歌曲《草原上升起不落的太阳》，最后以《国际歌》落幕。

编钟第二次奏响是1984年。为了庆祝中华人民共和国成立35周年，湖北省博物馆的演奏人员经特批带着编钟进京，在中南海怀仁堂为各国驻华大使演奏了古曲《春江花月夜》及外国名曲《欢乐颂》等。

最近一次奏响，则是在1997年。那年，著名音乐人谭盾为了庆祝香港回归，创作了一部大型交响乐《交响曲1997：天·地·人》。经过国家特批，再次敲响了编钟。这便是曾侯乙编钟三次奏响的历程。

武汉的人文景观

117

## 武汉博物馆主要有哪些展厅

武汉博物馆位于武汉市汉口青年路373号，它于2001年10月1日正式对外开放。整座博物馆陈列面积达6000平方米，主体建筑由陈列展览区、文物库房及辅助设施用房等组成，远远看去，巍峨而壮丽。

武汉博物馆主要分为以下五个特色展厅：

◎ **绘画展厅**

绘画展厅中常年展出我国近现代传统绘画，其中较为重要的藏品包括文徵明的草书、仇英的《竹梧消夏图》、黄鼎的《黄陵庙图》、朱耷的《猫石图》等。在绘画展厅中，你能够感受到从传统绘画追求自然的内容与形式，到采用西方艺术的色彩与构图，最后让东方的古典艺术与西方近现代艺术融会贯通的整个发展流程。绘画艺术的魅力，将使你流连忘返。

◎ **近代展厅**

近代展厅位于二楼。展厅利用珍贵的文物、丰富的史料与先进的展示手段，将1861年汉口开埠后，武汉由传统的封建市镇向近现代都会转化的历史轨迹展现得淋漓尽致。游览完近代展厅，相信观众们会对"九省通衢"的武汉多一层认识。

◎ **古瓷展厅**

古代陶瓷艺术展厅主要陈列各类陶瓷，从莹润如玉的单色釉瓷到五彩缤纷的彩瓷，再到清新幽亮的青花瓷，我国源远流长的陶瓷艺术以及古代人们对美的感悟和追求就这样呈现在大家眼前。

◎ **历史展厅**

历史展厅分为五个部分，分别是"江汉曙光（史前时期）""商风楚韵（夏商周时期）""军事要津（秦汉魏晋南北朝时期）""水陆双城（隋唐宋元时期）""九省通衢（明清时期至汉口开埠前）"。这五个部分以绚丽多姿的古代文物为主体，以史料为依据，以科学为准绳，通过丰富的文物展示、真实的场景复原、先进的数码技术、精致的艺术品创作，清晰地展现了武汉地区从史前时期的蒙昧原始逐步发展成为明清时期的繁荣商贸城市的历史进程。

◎ **文物展厅**

文物展厅位于武汉博物馆一楼。它展出了各色辉煌灿烂、精工细作的青铜器；玲珑剔透、晶莹温润的玉器及清新工巧、精巧可爱的竹木牙雕等。尤为引人注目的是集雕刻、书法、绘画诸艺术于一体，博得历代文人墨客珍爱的砚台艺术和小不过盈寸、重不过数两却集中国工艺之大成的鼻烟壶艺术。除此之外，集玉的温润、珠宝的光泽、瓷的细腻、金的灿烂于一身的瑰丽斑斓的珐琅艺术也是文物展厅展出的重心。

## 武汉博物馆有什么特色

武汉博物馆所有展览利用科研成果，采用科技手段，凸显展示理念。每楼展厅都有明确的主题。一楼有三个展厅，分别是：历代文物珍藏厅风格神秘、古代陶瓷艺术厅突出陶瓷艺术风格、馆藏近现代名家绘画展厅有中国传统书画意境。二楼是武汉博物馆的基本陈列，《武汉古代历史陈列》和《走向近代的武汉》运用新技术、新材料，将历史文物、复原场景与数码技术相结合，营造历史与现实。此外，武汉博物馆还专门设有为观众服务的多媒体触摸屏与语音导览设备。

## 江汉关博物馆为什么是汉口开埠的见证人

江汉关博物馆前身是江汉关大楼，位于湖北省武汉市汉口江汉路和沿江大道交会处，东南临长江，是武汉市标志性建筑之一，也曾是汉口租界的核心建筑。

1862年1月1日，江汉关正式建立。江汉关的建立既是中国走向半殖民地半封建社会的产物，也是中国从闭关走向开放的载体；它既体现了西方对中国的入侵，也表现出武汉经济近代化的起步；它既是中外势力交会的契合点，也是国内政治力量在武汉角逐的缓冲带。

江汉关大楼

江汉关的主要职责：一是征收进出口税；二是缉私；三是长江上下游航道的测量与建设，还曾管辖邮政。江汉关的组织和管理方式完全是按英国的方式，独立于中国之外。江汉关的设立，使武汉由内地商品集散地发展成为内连腹地，外达海洋的近代商埠。它所确定的一系列保证中外贸易进行的近代管理制度，规范着中外商人的商业行为，也为外商深入中国腹地进行贸易掠夺提供了组织保证。

为什么说江汉关博物馆是汉口开埠的见证人呢？

江汉关大楼是1921年破土动工的，历时3年，1924年落成。由英国建筑师恩九生设计，汉协盛营造厂修建，它位处沿江大道90度转角的特殊部位，外观呈欧洲文艺复兴时期流行特征，楼高83.8米。江汉关大楼无论从外观还是建筑质量，都堪称当时国际先进水平，工程技术人员和工人都付出了巨大的心血。"江汉关"三个大字由当时湖北省教育厅厅长、著名书法家宗彝所写。今天，江汉关不仅是一座历史性建筑物，而且是中西文化碰撞的结果，所以说它是汉口开埠的见证人，它是武汉沧桑经历的纪念碑。

2012年11月19日，武汉海关正式搬离工作了57年的江汉关大楼。经过3年的改造后，2015年12月28日，江汉关变身为博物馆正式对公众开放。

# 武昌起义纪念馆为什么又叫"红楼"

　　辛亥革命武昌起义纪念馆位于湖北省武汉市武昌蛇山南麓的阅马场北端，是依托中华民国军政府鄂军都督府旧址（武昌起义军政府旧址）而建立的纪念性博物馆。纪念馆西邻黄鹤楼，北倚蛇山，南面首义广场。旧址占地面积18000多平方米，建筑面积近10000平方米。

　　由于纪念馆旧址是红墙红瓦，所以又被武汉人称为红楼。2011年，辛亥革命武昌起义纪念馆被国家旅游局评定为国家AAAA级旅游景区。

　　红楼原为清朝政府设立的湖北咨议局局址，于1910年建成。1911年10月10日，在孙中山民主革命思想的旗帜下集结起来的湖北革命党人，蓄势已久，为天下先，勇敢地打响了辛亥革命的"第一枪"，并一举光复武昌。次日在此组建中华民国军政府鄂军都督府，推举湖北新军协统黎元洪为都督，宣告废除清朝宣统年号，建立中华民国。随即，辛亥革命

121

领袖之一黄兴赶赴武昌，出任革命军战时总司令，领导了英勇悲壮的抗击南下清军的阳夏保卫战。武昌义声得到全国响应，260余年的清朝统治顿时瓦解，2000多年的封建帝制随之终结。武昌因此被誉为"首义之区"，红楼则被尊崇为"民国之门"。

红楼于1961年以"武昌起义军政府旧址"的名义经国务院公布为首批全国重点文物保护单位。1981年10月，依托红楼建立辛亥革命武昌起义纪念馆，由国家副主席宋庆龄题写馆名。经过60余年的建设和发展，这里正在向辛亥革命的纪念中心及其陈列展览中心和科学研究中心的目标迈进，并已先后被命名为"全国青少年教育基地"和国家4A级旅游景区等荣誉称号。

馆内现有两个主题性的基本陈列：一是《鄂军都督府旧址复原陈列》，二是《辛亥革命武昌起义史迹陈列》。前者以旧址主楼为载体，复原和再现了都督府成立初期的场景与风貌；后者布置于旧址西配楼，展出近400件展品，包括文物真迹、历史图片、美术作品以及图表、模型和场景等，全景式地展现了辛亥革命武昌起义的历史。

## 武汉美术馆的前身是银行吗

武汉美术馆新馆，是在原汉口金城银行大楼的基础上改建而成。原汉口金城银行大楼是一座4层楼的钢筋混凝土结构建筑，为中国第一代建筑师庄俊所设计。

武汉美术馆原金城银行旧址于1930年动工，1931年落成。金城银行正立面采用了西洋古典廊柱式样，柱高通达三层，在二层处开有圆形拱窗，使得从柱廊之外看整个建筑立面，既恢宏雄伟又富有一定的变化。

武汉美术馆

1938年日军入侵武汉，强占金城银行大楼为总司令部，直到1945年抗战胜利才被金城银行收回。新中国成立后，1952年金城银行大楼由当时的银行出租给了武汉图书馆，到1957年，在这座建筑里开设了武汉少年儿童图书馆。2003年策划建立武汉美术馆，少儿图书馆才择地迁出。

## 武汉性学博物馆里都展出些什么

武汉性学博物馆成立于2003年8月19日，位于武汉市汉口青年路285号。武汉是继上海之后中国第二个拥有性文化传播和展览场馆的城市。

馆内藏有春宫画、古代男女交合雕像瓷器、古代民间进行性教育的"压箱底""嫁妆画"等性文物。博物馆使用面积1200多平方米，现有中国古代性文物及外国性文化展品1200多件，人体艺术摄影展品120多件，生殖健康、青春期性教育及性病艾滋病防治等展品200余件。博物馆分为四个部分即性文物展厅，生殖健康、性病艾滋病防治展厅、人体艺术摄影展厅以及多功能厅。它是继上海"中国古代性文化博物馆"之后国内第二家性学方面的文化单位，也是目前国内展出内容最全面的性学博物馆。

## 武汉钻石艺术博物馆内有什么珍贵的典藏

武汉钻石艺术博物馆是武汉私家博物馆之一，地址在武汉市汉口沿江大道怡景花园内，是博物馆主人陈达冰希望与武汉市民分享艺术而建的博物馆。

1989年，祖籍襄阳的陈达冰在汉口求学时，就梦想有一天能在武汉的繁华地段办一家自己的博物馆。之后，他加入南非国籍，从事钻石开采、艺术品投资等工作。如今，这一梦想终于实现了。

博物馆二楼展厅的中央，摆放着一张巨大的巴西花梨木长桌，桌子取自一棵直径1.6米的古老巴西花梨树的中心部位，厚度0.13米，长达

6.3米，沧桑的树皮被完整地保留着，和那依稀可见的年轮共同见证它的历史。

馆内的镇馆之宝是"蓝宝王"，除了101.19克拉的"蓝宝王"外，博物馆还有件国宝级艺术品——唐卡，就挂在一楼墙上。唐卡是藏族文化中一种独具特色的绘画艺术形式，题材多涉及藏族的历史、政治、文化和社会生活等领域，堪称藏族的百科全书。唐卡多画于布或纸上，画法为白描及工笔重彩。

馆内珍藏的两幅是清代珍稀唐卡，绘制精美，保存完好，具有很高的艺术收藏价值。

## 武汉中华奇石馆里有哪些展区

武汉中华奇石馆位于武汉市汉阳区翠微路61号，占地面积6700平方米，建筑面积7800平方米。馆藏奇石数万方，常年展出3000余件。全馆可分为四个展区：奇石展区、化石展区、矿物晶体展区、园林景观区。

奇石展区：

武汉中华奇石馆为全国著名的观赏石基地，奇石展区面积2000余平方米，展品包括：人称"牡丹芳魂"的牡丹石、"石中皇后"大化石、"天外来客"陨石和台湾玫瑰石等。除全国各地精品石种外，巴西玛瑙、缅甸硅化木、马达加斯加的孔雀石等各种海外石种也在此聚合。

化石展区：

武汉中华奇石馆化石馆——古生物化石展厅，展厅面积3000余平方米，展出的化石更是精彩纷呈。化石

中华奇石馆

作品主要产于甘肃兰州、辽宁锦州、贵州关岭、云南楚雄等地。馆藏的化石标本有80余种10000余件，展出的化石作品约5000件，其中装架的化石骨架40余具、埋藏状化石60余件、板状化石300余件、单体类化石400余件、配框挂件类化石100余件，狼鳍鱼化石数十平方米，恐龙化石、贵州龙化石100余件等。

矿物晶体展区：

武汉中华奇石馆矿物晶体展区是一个集科普、收藏及展示为一体的展区，面积160平方米，于2010年12月18日正式开放。其中，重达11吨的水晶石为亚洲之最，神龙绿石、三峡石、彩陶石、大化石、葡萄玛瑙等几十个品种均有绝妙佳品馆藏。

园林景观区：

武汉中华奇石馆系涉外旅游景点，毗邻归元古刹，北倚古琴台，西接墨水湖，风景秀丽，环境幽雅。馆内建筑具有典型的明清风格，精致而典雅。园林占地面积不大，却能将植物、盆景以及奇石巧妙地融为一体，园内种有青松、翠竹、红枫、银杏、紫薇、红檵木、白玉兰、龙爪槐、香橼、对节白蜡等植物，色彩浓郁，高低错落有致，四季景色不同。


# 许三尤酒瓶博物馆里有着怎样的故事

东西湖区开屏里66号，这个普通的武汉居民巷，有一户人家，收藏着13000多个酒瓶，这里就是许三尤的酒瓶博物馆。

酒瓶把许三尤四室一厅的家塞得满满当当，颇为壮观。许三尤收藏的酒瓶中有做工精美的青花瓷、有金陵十二钗、有古香古色的桃园三结义还有栩栩如生的八仙过海等。

那么许三尤博物馆是怎么开办起来的呢？

许三尤，男，20世纪50年代初出生于武汉，收藏酒瓶缘于一次偶然的机会。1988年，许三尤到山东出差，参加一个宴会，酒桌上放着一个2.5公斤装的"龙珠"陶瓷酒瓶，造型优雅，釉色莹润，龙珠宛如天成，大有"中国龙"的神韵，做工异常精美，深深吸引了他的目光。宴会结束后，他小心翼翼地把这个"宝瓶"装进旅行袋，千里迢迢背回了家。

许三尤酒瓶博物馆

从此，许三尤就像着了魔，迷上了搜集酒瓶。多年来，他跑了20多个省，收集酒瓶1万多个，最古老的酒瓶是一只唐朝泥塑酒瓶，距今1000多年。最大的酒瓶可盛酒12.5公斤，最小的仅装10克酒。

在许三尤看来，收藏酒瓶是要讲究缘分的。"每个酒瓶背后都有一段故事，每个都来之不易。"20世纪90年代，许三尤在一位朋友家中看到一套"八仙过海"的酒瓶，人物造型特别精美。他四下打听，得知酒瓶产自黄石一家酒厂。这套酒瓶主要出口到东南亚，国内这样的酒瓶并不多。当时，他慕名寻到黄石，可生产"八仙过海"的酒厂已经倒闭。最后，他在黄石一个藏友那里以480元的价格收购了这套"八仙过海"酒瓶，还和朋友找到那家酒厂的仓库，买下了里面可以收藏的酒瓶。

人物造型的酒瓶工艺精美，最具艺术价值，也最难收，经常求而不得。八仙过海、桃园结义，许三尤最爱酒瓶上的故事，不过最让他得意的，还是从河南"请"回来的"太白金星"瓶。2001年，许三尤在郑州古玩市场淘酒瓶。一个收藏界同行告诉他，河南中牟县一个农户家中有个"太白金星"造型的老酒瓶。

在藏友的带领下，他寻到了农户家。持瓶人是一对老夫妇，带着一个小孙子。他们把彩瓷"太白金星"酒瓶作为神像供在家中。许三尤提出收购这只酒瓶，被老农一口拒绝。他不甘心，干脆住在附近一个农家招待所，每天都买些水果、零食送到老农家中，逗老农的孙子玩，和他套近乎。最终，老农被他的诚意感动，一个星期后将"太白金星"送给了他，因为"神仙是不能买卖的，需要请"。

许三尤说，一开始仅仅是喜欢酒瓶的造型，后来开始研究酒瓶的历史、酒的文化，最近几年也开始收藏老酒。除了这个四室一厅，还有3个仓库，一个用来放酒瓶，两个用来藏酒。许三尤收藏的酒瓶按内容、形式、质地和重量整理为二十几类，有动物拾趣、山石嶙峋、人物春秋等。

许三尤自己做的简易陈列架，安在房间的四面墙上，一直竖到天花板。因为房屋空间有限，还有不少酒瓶无法上架，直接挤在地上，屋子里已经无地方居住，许三尤也被自己挚爱的酒瓶挤出了家门，搬出博物馆，与子女住在一起。不过，他还是放心不下自己的"宝瓶"，每隔几天就会到老房子里看看。家里没人住，很多酒瓶都蒙上了厚厚的一层灰。没有人参观的时候，这里都是门窗紧闭，但仍经常有老鼠乱窜，酒瓶就会跌落摔碎。一套金陵十二钗酒瓶，如今只剩下了4个。许三尤说，虽然都不是很值钱的瓶子，但是收藏了好多年了，每一个都来之不易。

为了搜集这些酒瓶，许三尤前后花了近26年，耗资200多万元。起初家里人并不赞成，但他还是坚持了下来。他把一生钱财都花在了酒瓶上，这些酒瓶倾注了他的所有心血。

2003年，武汉许三尤酒瓶博物馆正式成立，是国内第一家有正式批文的酒瓶博物馆。经武汉市文物局批准，酒瓶博物馆的门票价格为成人20元、儿童10元，但来者大多都是藏友，许三尤不仅不好意思收门票，还要从礼节上招待一下。武汉东西湖区旅游局也将许家列入东西湖旅游景点，很多媒体都有报道。

酒香不怕巷子深，许三尤坚信，保留下这些酒瓶意义重大，终有一天他的博物馆会从武汉的这个角落里走出去，让更多的人了解和喜爱。

## 黎黄陂路街头博物馆的展品都在街上吗

1861年开始至1898年的37年间，英、德、俄、法、日在汉口设立租界。

后江岸区人民政府将俄租界的黎黄陂路整修后设立"街头博物馆"，是为了给城市发展及人文景观乃至革命传统教育提供切实的、有深度的历史借鉴，使它发挥"存史、资治、教化"的作用。将具有特殊历史和异国风格的建筑当作陈列品展示于街头，所以名为"街头博物馆"。

1925年前黎黄陂路曾称阿列色耶夫街、夷玛街；因民国大总统黎元洪系武汉黄陂人，1946年改称"黎黄陂路"。路长604米，16栋欧陆建筑物的背后均有故事。哥特式和洛可可式为主要风格。以前的道胜银行曾是宋庆龄故居，八七会址毗邻此路。

由此可知，黎黄陂路街头博物馆的展品都在街上展出，只是这些"展品"与其他博物馆的展品不同，这些"展品"是路边那些有意义和有故事的建筑物。

黎黄陂路街头博物馆

## 二七纪念馆是为了纪念二七大罢工的吗

武汉二七纪念馆位于武汉市汉口江岸地区解放大道的徐州新村街口。建设初衷是纪念二七大罢工这一伟大历史事件。

1923年2月，京汉铁路工人在中国共产党领导下，为争取成立总工会的自由和工人阶级的政治权利，进行了反帝反封建的罢工斗争。2月1日，总工会在郑州召开成立大会时，遭到军阀吴佩孚的干涉和破坏。当晚议决举行全路总同盟大罢工以示反抗，提出了"为自由战，为人权战"的口号。同时决定总工会迁移至汉口江岸办公。2月4日，大罢工实现，京汉全线工人一致行动，全线所有车辆一律停驶，长达1200多公里的京汉铁路顿时瘫痪。2月7日，吴佩孚在帝国主义支持下，在汉口江岸、郑州、长辛店等地对罢工工人进行了血腥镇压，铁路工人同敌人展开了英勇搏斗。江岸分工会委员长林祥谦、总工会法律顾问施洋等52人，先后惨遭杀害，数百人受伤，造成震惊中外的"二七惨案"。这次罢工斗争，得到全国人民和世界无产者的有力声援，大大提高了中国共产党的政治威望，充分显示了中国工人阶级伟大的团结与战斗力量，在中国工人运动史上谱写了光辉的一页。2月7日，已成为中国工人阶级英勇斗争的纪念日。

1956年，中华人民共和国铁道部、湖北省人民政府、武汉市人民政府在"二七"烈士英勇斗争的江岸修建了武汉二七纪念馆，并定为省重

武汉二七纪念馆

点文物保护单位，1958年毛泽东题写"二七烈士纪念碑"。1985年由于展馆窄小，铁道部和省、市政府又投资迁建了新馆。1986年胡耀邦为新迁建的"武汉二七纪念馆"题写馆名。

武汉二七纪念馆占地面积27500平方米，建筑面积约12700平方米。藏有文物实物89件，国家一级文物3件，二级文物17件，展线1200米。矗立在纪念馆广场中央的二七烈士纪念碑，于1999年迁建落成，中央领导亲临纪念馆为纪念碑落成揭幕。

武汉二七纪念馆建设经过多年不断完善，已经成为全国和世界各国友好人士纪念二七大罢工的重要场所。

## 武汉有哪些特色的博物馆

罗丹说，我们不缺少美，我们缺少的是发现美的眼睛。在武汉又有哪些特色博物馆值得我们去发现和领略呢?

### 1. 李庄：私人古建筑博物馆

位于武汉市青山区建设乡严西湖畔的张公山寨。那里的明万历时期的官衙透着古朴，清嘉庆年间的江西崇仁书院书卷十足，明末清初的大官宅雕梁画栋，民国早期古戏台似清韵犹在，还有古绣楼、古建文化街等，处处古意盎然。

### 2. 汉绣博物馆

位于武汉市汉阳江欣苑社区内。馆内收藏民俗、宗教、戏装、饰品等四大类1000余幅汉绣藏品。《九头鸟》《梅开五福盛世中华》《古黄鹤楼》等一大批具有代表性的汉绣精品集体亮相，其中不乏任本荣、张先松等汉绣传承人的精品之作。

### 3. 天人合一奇石博物馆

位于武汉市蔡甸区黄陵村刘湾26号。全国各地千奇百怪的石头"聚"在了这里，吸引众多游客前来。

### 4. 杨楼子湾榨坊博物馆

位于武汉市黄陂区盘龙城叶店正街。走进仿明清风格建造的老榨屋，岁月的芳香飘然而至，与榨油有关的大批工具和容器，如碾槽、石磨、风斗、油缸以及有着百年历史的老木榨都陈列于此，粗大发黑的木架见证着这一行当的沧桑。

### 5. 武汉壶语堂博物馆

位于武汉市江岸区正义路10号。壶语堂是一个专业收集壶类器皿古玩藏品的专业网站和私营博物馆，每款藏品都经过专业鉴定，也提供壶器皿的咨询鉴定服务。

### 6. 武汉税收博物馆

位于武汉市江汉区地税局大楼六层。是全国馆藏文物最多的税收博物馆。民国时期，财政紊乱，收税千奇百怪，甚至提前预征税款。无货不税，无物不捐，私人棺材也须纳税，去公厕方便也要交"粪税"。收税凭单显示，民国时期四川省一位叫周玉顺的农民，其家庭税款被预征到80年后，也就是2012年。

### 7. 警用枪械博物馆

位于武汉市公安局训练基地内。是首个中国警用枪械博物馆。首批展出了勃朗宁系列手枪在内的183支老式中外名枪，来自英、美、比等17个国家。其中一支枪龄170多年的英国火药枪，外号"香水瓶"，是武汉市公安局收藏的最古老的枪。

### 8. 武汉大世界连环画博物馆

位于武汉市洪山区野芷湖西路16号。武汉大世界连环画博物馆在武汉创意天地开展，这也是湖北省首个连环画博物馆，共陈列4000多册连环画，包括文学名著、人物传记、神话传说等10个类别，武汉市民可免费参观。连环画是一种古老的传统艺术，在宋朝印刷术普及后最终成形。

### 9. 湖北大学蝴蝶馆

位于武汉市武昌区友谊大道368号湖北大学图书馆4楼博物馆内。湖北大学蝴蝶馆展出了国内外近千种美丽的珍稀蝴蝶和怪虫异甲。馆内有数量众多的凤科蝶，凤科蝶被称作蝴蝶界的"白富美"。馆内还有许多国家的"国蝶"，其中就有被称作"中国国蝶"的宽尾凤蝶。世界上最美的蝴蝶，据说是秘鲁国蝶"月光女神"，去蝴蝶馆转一转，说不定有缘会见到哦。

### 10. 武汉殡仪民俗文化博物馆

位于武汉市青山区冶金大道98号（青山殡仪文化公园内）。武汉殡仪民俗文化博物馆筹建于2013年4月，以殡仪文化为主要展出内容，全方位、多角度地生动展示地域殡仪历史发展、民风民俗及国家政策，免费向全社会开放，成为武汉殡仪事业发展的展示窗口、教育基地、文化品牌和地域名片。整个场馆约400平方米，展品共计1500余件，展览主要分为五个部分，分别是武汉殡仪史话、武汉殡仪改革、武汉殡仪习俗、中外殡仪文化和殡葬文化长廊，展现了武汉当地殡葬文化起源、变迁，以及中外殡仪文化的差异。


## 武汉闹市中的抗战遗迹有几处

惨烈的大空袭、悲壮的保卫战，武汉人民曾生活在水深火热之中。时隔70多年，身边林立的高楼中也许还埋藏着老一辈的伤与痛。深藏在江城繁华街头的抗战遗迹，我们又知道几处？

### 武汉抗战遗址①：八路军驻武汉办事处

地址：江岸区长春街

背后的故事：

八路军武汉办事处旧址，在武汉市汉口长春街，是一幢四层楼房。纪念馆旧址原为日商大石洋行，原建筑于1944年日军占领期间被美国飞机炸毁，1978年在原址按原貌重建，1979年3月5日正式对外开放。叶剑英为纪念馆题写馆名。

抗战期间，周恩来、董必武、秦邦宪、叶剑英、李克农、邓颖超、罗炳辉、吴玉章、林伯渠、彭德怀、张爱萍等革命领导人在此处勤奋工作并给予具体指导，这里成了抗日烽火中的一面旗帜。当时"八办"是共产党在国民党统治区领导和联络的中心，积极为八路军、新四军筹备粮饷和各种军需物资，开展宣传工作，动员人民群众参加抗日战争，输送大批爱国青年赴延安和抗日前线，并热情接待了国内外各界人士，完成了许多重要任务，阐明共产党抗日主张，广泛开展抗日民族统一战线活动，为争取抗战胜利作出了重要贡献。

### 武汉抗战遗址②：新四军军部

地址：汉口胜利街332 ~ 352号

背后的故事：

与八路军办事处一街之隔的胜利街332 ~ 352号，是新四军军部的诞生地。"光荣北伐武昌城下，血染着我们的姓名……"《新四军军歌》的第一句歌词就表明其与武汉的深厚历史渊源。

七七事变后，中国共产党同国民党谈判达成协议，决定将分散在南方8个省10多个地区的红军和游击队集中改编成国民革命军陆军新编第四军（简称"新四军"），叶挺和项英分别任军长、副军长。1937年12月25日，新四军军部在汉口大和街26号正式挂牌。

为迅速完成新四军组建工作，汉口新四军军部做了大量工作。同国民党当局谈判，解决了新四军各支队集中整编、干部任命、隶属关系和后勤给养问题；确定了红军游击队的集中整编办法；确定了组建的新四军的作战部署；多方筹集款项、武器、物资、弥补新四军给养供应的不足。

### 武汉抗战遗址③：受降堂

地址：中山公园

背后的故事：

中山公园内也有一处非常重要的抗战遗迹。它位于中区广场旁，是

武汉的人文景观

一座砖木结构长方形的单层厅堂建筑，黄墙青瓦。1945年9月18日，就是在这里，中华民国第六战区司令长官孙蔚如将军接受侵华日军第六方面军的投降，故此名为"受降堂"。

1998年5月21日，中山公园在筹备70周年园庆时，两名工作人员在受降堂附近的张公亭底层发现一块汉白玉石碑，碑厚5厘米，长123厘米，整碑呈上窄下宽形状（上35厘米、下40厘米），刮去涂在碑面的水泥，一行碑文清晰可见："中华民国三十四年九月十八日，蔚如奉命接受日本第六方面军司令长官冈部直三郎大将率属二十一万签降于此——第六战区司令长官孙蔚如题。"

### 武汉抗战遗址④：苏联空军烈士墓

地址：汉口解放公园内

背后的故事：

汉口解放公园是附近居民晨练、散步和跳广场舞的好去处。太阳正烈的时候大爷大妈们喜欢坐在公园的树荫下纳凉，吊着嗓子练京剧。在不远处，左倚朝梅岭右靠夕桂山的苏联空军烈士墓下，长眠着15位抗日战争时期为支援中国人民而英勇献身的苏联空军。他们比飞虎队更早来到中国，最小的牺牲时不满24岁，他们同中国人民并肩作战，打击日本侵略者，为中国抗战立下了不朽的功勋。

### 武汉抗战遗址⑤：武汉国民政府办公大楼

地址：中山大道六渡桥

背后的故事：

中山大道是武汉最繁华的商业区之一，这里的江汉路步行街是武汉年轻人逛街的热门选择之一。挺立在众多商铺中的南洋大楼曾经是国民政府在武汉的办公地点。1927年3月，国民党二届三中全会在这里举行。抗战期间这栋大楼被日军占领，直至抗战胜利后才得以收回。党的十一届三中全会后，大楼内居民迁出，大楼在1986—1987年修葺一新，设南洋商场、大华饭店、大华歌舞厅于此楼内。入夜灯火辉煌，白天人流如潮，成为中山大道上热闹场所之一。

**武汉抗战遗址⑥：日军慰安所**

地址：积庆里

背后的故事：

现在的积庆里社区紧邻着南洋大楼，一片破败老旧的居民区与光鲜亮丽商业区形成鲜明对比。虽然身处繁华的商业区，但即便是经常来江汉路逛街的人，也不见得知道这个地方，这里是积庆里，1938—1945年日军在汉口设置慰安所的地方。由于没有指示牌，因此大部分人并不知道这里曾是日军的慰安所。资料显示，1938—1945年日军侵占汉口后，先后在武汉建了60多所慰安所，而规模最大的要数积庆里。在积庆里共有日本"慰安妇"、朝鲜"慰安妇"280名，其中有朝鲜经营的慰安所9间，日本经营的慰安所11间。

**武汉抗战遗址⑦：陈怀民路、张自忠路、郝梦龄路、刘家麒路等**

地址：胜利街

背后的故事：

1945年抗战胜利后，武汉诞生了这条胜利街。这条街本来是6条不同的街道，曾属英、俄、法、德、日五国租界，分别称为湖南街、四民街、德托美领事街、汉中街、中街和大和街。在日本司令官签订投降书的那一天，武汉市民奔走于连成一线的6条街道上，欢呼胜利，6条街道成为一体，也成了抗战胜利的见证。

车水马龙的胜利街上有一条不太起眼的小路叫陈怀民路。在著名的1938年武汉"4·29空战"中，时任第4航空大队第21中队飞行员的陈怀民在击落一架敌机后身受重伤，飞机油箱着火。本可求生的他没有跳伞，而是驾机撞向从后面扑来的敌机，与日本吹嘘的所谓"红武士"高桥宪一同归于尽。陈怀民曾说："每次飞机起飞的时候，我都当作最后的飞行。

与日本人作战，我从来没想着回来！"抗战胜利后为了纪念牺牲时年仅22岁的他，这条路被命名为陈怀民路。和陈怀民路一样以抗战英雄命名的还有张自忠路、郝梦龄路、刘家麒路。

### 武汉抗战遗址⑧日军军官宿舍旧址

地址：胜利街

背后的故事：

胜利街旁随处可见各式各样年代久远的不同风情建筑，这里曾是汉口的租界。1944年12月18日，原汉口日租界地区被美军飞机轰炸成一片废墟，这幢日租界军官宿舍成为仅剩的少量建筑遗存之一。在日军驻汉口期间，这里曾作为日本军官宿舍使用。

### 武汉抗战遗址⑨日伪政府放送局旧址

背后的故事：

这栋处于闹市的小洋楼曾是日伪时期的放送局，也就是广播电台。1938年10月25日，日本占领军在此设立放送班。1941年2月，放送班改为放送局。该放送局每天早、中、晚播音3次，22时全天播音结束。华语广播有新闻和音乐节目，内容鼓吹"中日亲善"。1945年8月日本无条件投降，国民党中央宣传部委派特派员王亚民、中央广播事业管理处指派何柏身由重庆来汉口，于9月24日接收日伪汉口放送局，此地成为汉口市广播电台播音室。

## 中国地质大学逸夫博物馆的镇馆之宝有哪些

中国地质大学逸夫博物馆因邵逸夫先生捐资而冠名，已有22年的建馆历史。

目前，中国地质大学逸夫博物馆是国内规模最大、现代化程度最高的大学博物馆，是国内排名第二的地质类博物馆，也是中南地区规模最大的自然类博物馆。自2005年5月1日对社会开放以来，对社会开放以来，该馆引起了社会各界特别是广大青少年的浓厚兴趣。中国地质大学（以下简称地大）逸夫博物馆之所以引人入胜，除了标志性的建筑、通俗易懂的展示内容和现代化的展示手段外，很重要的一点就是有一批罕见的馆藏精品。该馆馆藏各类地质标本30000余件，其中自然界极为罕见的珍品近3000件，其中不乏镇馆之宝，在世界上和国内都位居前列。

**恐龙化石珍品——黑龙江满洲龙**

黑龙江满洲龙化石是一类大型的鸭嘴龙，体长10.50米，体高6.1米，嘴巴像鸭子是其最大的特征。它属于素食龙，牙齿小而多，前肢细小而

逸夫博物馆大厅陈设

后肢粗壮。该恐龙骨架产于黑龙江省嘉荫县，生活在6500万年前的白垩纪末期。因其含有50%的真化石，在世界恐龙化石中占有重要地位，成为地大逸夫博物馆的显著标志。

### 鱼龙化石之王——梁氏关岭鱼龙

鱼龙是海洋爬行动物，和恐龙生活在相同时代。地大逸夫博物馆的梁氏关岭鱼龙化石属于大型鱼龙，体长8米多，形似鱼雷。该鱼龙化石产于我国贵州关岭，生活于2亿年前的三叠纪晚期，其长度和完整程度在世界上位居第一。更为奇特的是，在这条鱼龙化石上还发现了它的皮肤化石，这在世界上是首次发现。

### 世界海龙之王——黄果树安顺龙

黄果树安顺龙是海龙的一种，属于海洋爬行动物。该化石长5米左右，体态修长，当年的游泳姿势一目了然。化石产于我国贵州关岭，生活在2亿年前的三叠纪晚期。从化石的长度和完整程度来说，地大逸夫博物馆的海龙化石在世界上位居第一。

### 如花似画的奇观——海百合化石

海百合化石因其外形似"百合花"而得名。但它不是植物，而是棘皮动物大家庭中的一员。一个理想的海百合由根、茎和冠三部分组成，但大多数化石不完整。地大逸夫博物馆的海百合化石产自贵州关岭，距今2.3亿年，特征清晰，保存完整，面积达15平方米，为世界之最。而且整个造型如花似画，令人叹为观止。

### 自然界神奇的造化——辉锑矿晶簇

辉锑矿是一种金属硫化物，是提炼锑的最重要的矿物原料，造型美观的辉锑矿晶簇可作观赏石。在地大逸夫博物馆的矿物岩石展厅，有一块产自我国江西德辉锑矿晶簇标本，造型优美，针状或柱状晶体长而完整，可谓神态天成。

### 矿物世界的奇葩——孔雀石

孔雀石是一种含铜的碳酸盐矿物，翠绿色。大量产出时可炼铜，质纯色美者可作工艺雕刻品的材料及装饰品，粉末可作绿色颜料。在地大逸夫博物馆的地球奥秘展厅，有一块产于我国广东阳春石碌的珍贵的孔雀石标本，块大色美，造型奇特，令人惊叹不已。

### 43亿年高龄的岩石——变成砾岩

在地大逸夫博物馆的地球奥秘展厅，有一块年龄达43亿年的岩石，叫变成砾岩，产自澳大利亚，是目前世界上最古老的岩石。它保存了地球形成初期极为宝贵的信息，见证了地球幼年时期惊天动地的变化，因而非常珍贵。

### 再现恐龙下蛋的特点——恐龙蛋化石

恐龙是卵生动物，靠生蛋孵化繁殖后代。在地大逸夫博物馆的生命起源与进化展厅，有一窝非常奇特的长形恐龙蛋化石，产于我国江西，距今约7000万年。恐龙蛋化石数量达20枚，分为3层，放射状排列，真实地反映了恐龙下蛋的特点，这在世界上实属罕见。

### 争奇斗艳的名贵宝石——五皇一后

在绚丽的天然宝石家族中，最为婀娜多姿、光彩夺目的是钻石、红宝石、蓝宝石、祖母绿、欧泊和珍珠，它们被誉为珠宝玉石界的"五皇一后"。在地大逸夫博物馆的珠宝玉石展厅，以"五皇一后"为代表的名贵宝石陈列，在国内处于一流水平，它们流光溢彩，争奇斗艳，令人流连忘返。

# 武汉的旅游景观

## 黄鹤楼的前世今生

黄鹤楼有着"天下江山第一楼"的美誉。它始建于三国时期（233），最初的用途是军事瞭望楼。到了唐朝时期，黄鹤楼的军事作用渐渐被人们淡忘，它成为一个有名的旅游景点，吸引了大量文人墨客到此观光，并留下许多脍炙人口的诗篇。尤其是崔颢、李白等著名诗人写下的关于黄鹤楼的千古名句，更使它名噪天下。

黄鹤楼

宋朝的黄鹤楼，已经成为一座建筑群。在主楼周围，环绕着各式小轩、曲廊。明朝一代，黄鹤楼经历了3次被毁，又4次重建。最终，其形制从宫殿式建筑演变为楼阁式建筑，整体光华灿烂，典雅堂皇。清朝时期，黄鹤楼又遭遇4次浩劫，重整和大修共计6次，但依然保持着"其形四方、四望如一"的总体风格。自黄鹤楼创建至今已有1700余年历史，关于它的诗文记载多达400篇，被人们誉为"天下名楼"。

1957年，武汉建长江大桥武昌引桥时，占用了黄鹤楼的旧址。如今的黄鹤楼是在距离旧址约1000米的蛇山峰岭上重建的。整座楼共有五层，高50.4米，每层的内部风格各不相同：底层是一间高大宽敞的大厅，藻井高达10多米，正面墙上有一幅巨大的"白云黄鹤"陶瓷壁画；二楼大厅墙上悬挂着大理石镌刻的《黄鹤楼记》，它是唐代阎伯瑾撰写的，记录了黄鹤楼兴废沿革和名人逸事；三楼大厅的壁画是崔颢、李白、白居易等唐宋名诗人的绣像画，同时还摘录了诗人们吟咏黄鹤楼的诗句；四楼的大厅被屏风分割成若干小厅，厅内放置着当代名人字画；最顶层安放着《长江万里图》等长卷壁画。虽然整座楼保存了古黄鹤楼的一些特色，但实际上它更多的是根据现今人们的审美来设计重建的。

## 李白曾为黄鹤楼留下过哪些流传千古的诗句

"昔人已乘黄鹤去，此地空余黄鹤楼。黄鹤一去不复返，白云千载空悠悠。晴川历历汉阳树，芳草萋萋鹦鹉洲。日暮乡关何处？烟波江上使人愁。"

这是诗人崔颢为黄鹤楼题下的诗句。相传壮年时期的李白曾四处游山玩水，并于各地留下千古名篇。然而当他来到黄鹤楼时，却被崔颢的题诗深深吸引了。这首诗先写景，后抒情，一气呵成，浑然天成。即便是有着"诗仙"之称的李白，也不由自主地感叹："眼前有景道不得，崔颢题诗在上头！"

几年后，李白来到湖北定居，一住便是十年，与隐居襄阳鹿门山的孟浩然结识。李白对孟浩然非常敬仰，两人感情深厚。当孟浩然要去往扬州时，李白来到黄鹤楼为他送行。眼观茫茫流水，知己乘坐的小船越来越远，他不禁内心感伤，写下了流传千古的《黄鹤楼送孟浩然之广陵》："故人西辞黄鹤楼，烟花三月下扬州。孤帆远影碧空尽，唯见长江天际流。"

唐乾元元年（758），李白被流放夜郎。路过武昌时，他再度重游黄鹤楼："一为迁客去长沙，西望长安不见家。黄鹤楼中吹玉笛，江城五月落梅花。"彼时的李白因永王李璘的事件受到牵连，被加以"附逆"的罪名流放到夜郎。他旧地重游，对往事的回忆与对国运的关切、对朝廷的眷念相互交织，不免惆怅万分。然而，故都长安已经是万里迢迢。即便是站在黄鹤楼上，也依然望而不见，因此感到格外凄凉……

## "黄鹤归来"铜雕背后有什么故事

在黄鹤楼西边50米左右处，正面台阶前裸露的岩石上，有一座由龟、蛇、鹤三种吉祥动物组成的铜雕。这组铜雕中，龟与蛇背负着一对黄鹤奋力向上攀爬，而黄鹤则站在高处，俯瞰人间。这组铜雕名叫"黄鹤归来"，它背后有一段古老的神话故事：相传远古时期，大禹治水的举动感动了玉皇大帝。于是，玉帝派遣龟、蛇二将下凡协助大禹。龟、蛇隔着江水对峙，化作两座大山，"龟蛇锁大江"的景象出现在人们眼前。自那以后，水患平息，当地居民过上平稳幸福的日子。两只仙鹤受到触

黄鹤归来雕铜

动，也脱胎下凡，以兆普天同庆。除此之外，"神龟寿鹤"也是民间传统中的吉祥象征，蛇则代表着长长久久。"黄鹤归来"铜雕不仅描绘出远古时期的传说，还寄托着人们追求吉祥、长寿的美好愿望。

## 古琴台有着怎样的传说

　　古琴台又名俞伯牙台，始建于北宋，重建于清嘉庆初年（1796），位于湖北省武汉市汉阳区龟山脚下的月湖之滨，东对龟山、北临月湖，是中国音乐文化古迹、湖北省重点文物保护单位、武汉市文物旅游景观之一，与黄鹤楼、晴川阁并称武汉三大名胜，有"天下知音第一台"之称。

古琴台

　　古琴台建筑群占地约15亩，除殿堂主建筑外，还有庭院、林园、花坛、茶室等，布局精巧、层次分明。殿堂前有琴台，是汉白玉筑成的方形石台，约20平方米。

　　那么你知道关于古琴台的历史传说吗？

　　传说一：

　　相传春秋战国时期，楚国有位大臣俞伯牙，极善鼓琴。一次伯牙受楚王外派公干，乘船沿江而下，途经汉阳江面，突遇狂风暴雨，停舟龟山脚下，不一会儿雨过天晴，心旷神怡，于是，伯牙就鼓琴咏志。抚了一小段琴弦就断了，伯牙知道是有人窃听，便让他出来，此人正是樵夫钟子期。伯牙调好琴，沉思片刻，抚琴一首，志在高山。子期赞道："美哉！巍巍乎志在高山。"伯牙又抚琴一首意在流水。子期又赞道："美哉！荡荡乎意在流水。"伯牙很高兴，知道自己遇到了知音，于是就与子期拜交为挚友，并约来年再会。第二年，到了伯牙会子期的时候，不料子期已

武汉的人文景观

不幸病故。伯牙悲痛万分，在子期墓前鼓琴"高山流水"。曲终后，伯牙失去知音更感孤寂，悲痛万分，顿感曲艺无意，便扯断琴弦，摔碎琴身，发誓今后永不鼓琴。

传说二：

也有说法认为，俞伯牙为楚国郢都人，在晋国做了大夫，故事发生在其出使楚国时。一个风急浪高的中秋之夜，樵夫钟子期因砍柴遇雨，匆忙回家时见到了官家的船只，船头有大夫抚琴，作高山流水之音，以抒大江明月之怀。为了不惊动官人，卑微的他只得躲藏在草丛中，不想听琴人迷而忘乎所以弄出了声响，被伯牙喝问，因钟子期识得瑶琴，说出伏羲氏是用树中佳木梧桐所制，得到了伯牙赏识，二人于是就成了知音。

俞伯牙与钟子期结为知音的故事，千百年来在文人与民众间广泛流传，二人知音的传奇色彩给中国文化增添了熠熠生辉的一页。知音，已升华为对友情的忠诚不渝，也成为中华民族的优良传统和崇高的美德。

古琴台文化内涵丰富，仅碑廊内就存有《汉上琴台之铭并序》《伯牙事考》等碑刻，其中有清代书法家宋湘束竹叶蘸墨书写的《琴台题壁诗》，既有文学价值，又是难得的书法珍品。古琴台占地约1万平方米，掩映在湖光山色、疏林繁花之中，瑰丽多姿，风光明媚，很值得一游。


## 晴川阁是"楚天第一名楼"吗

晴川阁坐落在武汉市汉阳龟山东麓禹功矶上，北临汉水，东濒长江，与黄鹤楼夹江相望，是武汉地区唯一临江而立的名胜古迹。晴川阁占地约10000平方米，平面呈三角形，由晴川阁、禹稷行宫、铁门关三大主体建筑和禹碑亭、朝宗亭、楚波亭、荆楚雄风碑、禹碑、敦本堂碑以及牌楼、临江驳岸、曲径回廊等十几处附属建筑组成。

晴川阁又名晴川楼，是1547—1549年汉阳知府范之箴为勒记大禹治水之功德而修建的，其名取自唐朝大诗人崔颢的"晴川历历汉阳树"

晴川阁

诗句之意。复建后的晴川阁占地386平方米，高17.5米，重檐歇山顶式，麻石台基，红墙朱柱，钢筋混凝土仿木结构。整个楼阁分上下两层，沿檐回廊，原汁原味地再现了楚人依山就势筑台，台上建楼阁的雄奇风貌。晴川阁的历史虽然没有黄鹤楼、岳阳楼那样悠久，但由于其所在的独特地理环境和独具一格的优美造型以及诸多文人名士的赞咏，使它赢得了重要的历史地位。因此，"楚国晴川第一楼"冠誉于晴川阁是不为过的。历史上的晴川阁同黄鹤楼一样，数次被毁，现存的建筑为1983年重新修建的。其底层层面阔五间，通长20.8米；进深四间，通宽16米。台明从檐柱中心外扩0.7米，台地面积为386.28平方米。总体上晴川阁的装修构件以木石为主，在门窗上采用了玻璃及少量金属部件。

晴川阁于1986年10月1日正式对外开放。先后接待了中外游客350余万人次。真不愧是"楚天第一名楼"。

## 冬天的清凉寨堪比九寨沟吗

清凉寨位于湖北省武汉市黄陂区蔡店街道西北部，距武汉市中心城区85公里，距黄陂中心城区62公里，平均海拔600余米，景区总面积6000余亩；山体高大陡峭，植被丰富，层峦叠嶂，是中国木兰八景之一，也是国家4A级旅游景区。

景区内刘家山和丁家山两个高山自然村银杏树有5万余株，其中，百年以上的古银杏树近百株，是目前武汉市境内最大的高山古银杏群。同时，油茶适合嫁接各类品种的茶花，因此具有打造多彩分季的茶花景观潜能优势。

到了夏天，暑气逼人，久居繁华闹市的人们又开始为漫长的暑夏发愁。而此时的黄陂清凉寨却是另一番景象。清凉寨位于武汉市黄陂区北部海拔800余米"黄孝"交界之地，因得天独厚的地理环境优势和海拔高

清凉寨

差形成的气候温差，清凉寨夏季气温比城区低8~10摄氏度。景区内水帘洞、九龙飞瀑和堪称华中一绝的百米攀水大瀑布等高山景观，千尺垂帘，凌空直泻，引人入胜。登高远眺，湖光山色，有机茶园，田园村舍，宛若现实版世外桃源。

"佳节清明桃李笑，春城无处不飞花。"由于早春和海拔高差形成的特殊气候环境，清凉寨里的中华樱花、映山红、迎春花、兰草花和四季金银花赶"清明"时争相绽放，好一派红如火、白如雪、绿如玉、黄如金的艳丽景观！清凉寨中华樱花覆盖面积多达3200亩，数量11万余株，在武汉地区乃至全国首屈一指。

冬天的清凉寨别具韵味，步入其中，雾凇凝寒，有一种冬日"小九寨沟"的气质。峡谷风情区、民俗风情区和古寨游览区3条游线，构成景

区的核心与魅力。民俗风情区刘家山寨，是武汉市人口居住最高、最远的深山古村落，有近千年历史。民居建筑古朴，村中古银杏成群、千亩青茶、翠竹园林、小桥流水以及高山农家乐，别致怡情。

## 你知道锦里沟的传说吗

锦里沟位于湖北省武汉市黄陂区北部蔡店街道境内，是一处旅游度假风景区，总面积约10平方公里，是国家4A级旅游景区。

锦里沟由环湖风情体验区、峡谷游览区和寨王文化展示区三个部分组成。游线全长12公里，是武汉市唯一的土苗文化风情旅游区，也是最大的自然山水度假区。

锦里沟的每个景点背后几乎都有一个故事。

**青龙嘴**

青龙、白虎是中国传统风水上的术语。传说青龙和白虎是一对位踞左右的守护神，人们就把环抱住地两旁的山脉许以青龙白虎的谓称。左

锦里沟

武汉的人文景观

山脉称青龙，右山脉称白虎。青龙，在中国传统文化中是四象之一，它是代表东方的灵兽，也表春季；白虎的方位是西，代表秋季。

在传统"四象"中，有四灵主理春夏秋冬，除了青龙、白虎外，还有哪两个灵兽呢？在"四象"中，还有南朱雀、北玄武之说。联起来就称"左青龙、右白虎、前朱雀、后玄武"。但后来青龙和白虎只做了山庙的门神，玄武却被后世升级做了北方的大帝——真武大帝，朱雀成了九天玄女。青龙嘴村落周围，山环水绕，层峦叠嶂，确实是一个难得的风水宝地。

### 赏月湖

赏月湖，因赏月庙而得名。以前，这里是一条河，河边有一个赏月庙，据传是忠孝王捐助修建的，至今已有300余年。忠孝王田璋，是鄂西忠孝苗王第十二世祖，1736年从原籍改土归流迁徙至此，定居王禄山。尽管是举家来迁，但还是免不了"独在异乡为异客，每逢佳节倍思亲"的人之常情。有一年中秋夜晚，田璋偕夫人到河边散步，一边走一边吟诵李白《静夜思》（"床前明月光，疑是地上霜。举头望明月，低头思故乡"）的诗句，遥寄思乡之情。田璋遥望天空，月满中天，月色分外皎洁，将微波粼粼的湖面洒满银光。田璋倍感欣慰，很快就从"静夜思"忧伤中解放出来，发出"但愿人长久，千里共婵娟"的感叹。田璋饶有情趣地对夫人说："对着明月许个愿吧"，夫人当即默许。10个月后，夫人生下可爱的女儿，取名月儿。田璋为了替夫人还愿，就在夫人许愿的河边修建了一座"赏月庙"。赏月庙虽然规模不大，但名气不小，香火鼎盛，直到后来被捣毁。

### 月光桥

因赏月庙而得名。此湖原名锦里湖，后因修建赏月庙，香火旺盛，无形中人们就将此湖称为赏月湖。传说月儿的母亲生月儿的那天夜晚，狂风大作，暴雨倾盆，河水陡涨，乡下接生婆不能过河，危难之际，当地村民拿来自家门板搭起一座临时木桥，使接生婆及时赶到，田夫人覃氏顺利生下月儿。为了感谢当地乡亲，忠孝王田璋又出资修建了这座风雨廊桥，取名月光桥。十六年后，月儿与汉族青年相爱，结为伉俪，在当地开启土汉联姻的先河。

### 月湖岛

这是一个湖边休闲小岛，由于临近湾村，人们劳作之余，就在岛上休闲散步。这里，经常有中老年人锻炼，儿童嬉戏，青年男女幽会，被称为"晨观日出夜赏月，朝炼身心午纳凉"的娱乐之地。

### 星光桥

统称锦里河湾。一看就知道上面是星光堰，下面是飞龙滩。飞龙滩飞流直下，四时不息，象征大自然的无限美好和巨大生命力；星光堰天水一色，碧波如镜，在日月的辉映下，显得更加光彩夺目，宛如星光璀璨，诱惑迷人。锦里廊桥是人文打造的河道景观，昭示和引导游人从这里进入神奇美丽的锦里沟峡谷。峡谷全长 2.5 公里。谷中溪潭碧流澈，流水欢歌，飞瀑天泻，异木争雄，一路杜鹃花开，兰草芬芳，百鸟鸣唱，野趣无穷。

### 双龙亭

传说中盘踞在锦里沟内的青龙和黄龙，非常和睦，给此地祖祖辈辈带来了风调雨顺的好年成。为了感恩"双龙"，建了双龙亭。

## 武汉有哪些小众景点

武汉不仅有非常热门的景点，还有不少好玩的冷门景点。

### 起义门

地址：武昌区武昌首义路起义街

起义门是武昌唯一一座保存至今的古城门，带着历史的沧桑感，抚摸着斑驳的城墙，想象着自己是生活在古代的某个人，一位倾国倾城的美人或是一位英姿飒爽的将军。站在古老的城楼上眺望着远方，你是一位苦苦等待夫君打仗归来的妇人，还是集三千宠爱于一身的褒姒在笑看周幽王为你烽火戏诸侯。抑或你是一位君临天下的帝王在阅览你的万里河山。总之，你敢来就要敢想！

### 楚望台遗址公园

地址：武昌区武昌首义路起义街

元朝末年，朱元璋进军武昌，曾驻跸在此，闻报得第六子，高兴地说："子长，以楚封之。"朱桢不忘父皇之恩，常在此遥望帝京，故又建"楚望台"，所以如果你正在为你家的小孩子闹心，就带他来这里感受一下古代的人文情怀，讲解一下历史故事，感悟一下古代的至纯至孝。说不定就会有意想不到的收获哦！

### 鹦鹉洲桥梁主题公园

地址：鹦鹉洲长江大桥下

近距离观赏大桥，一睹在江底沉睡500年的古树风采，感受一下生命的坚强，从这里可以看到龟山电视塔、长江大桥、黄鹤楼，一眼望去，江面开阔，视野阔达。或许在这里你会看到一个不一样的武汉。最赞的要数这里的观光楼梯，可以通向武汉首个长江大桥观景平台。想象一下，在离江面约130米高的地方，俯瞰武汉三镇，是一种怎样的体验？

### 紫阳湖公园

地址：武昌区紫阳湖路222号（武昌财政局对面）

每至夏日满湖荷花呈紫色，朝霞夕阳映紫荷，故名紫阳湖。公园虽然不算大，却有湖，有小桥，有亭子，还有园林，环境优美。这里有口掘于明代的井，取名为霸王井。

# 张公山寨是怎么来的

张公山寨景区位于湖北省武汉市青山区严西湖北岸，与东湖风景区隔坝相望。张公山寨景区由三个半岛组成，可乘三国古战船游览吴国水军操练场、吴主大殿、点将台、明清古村落李庄、欢乐岛橘子洲、野战基地桃花岛（水庙），是集文化、生态、参与体验及乡村休闲游为一体的旅游景区。

张公山寨地处长江以南水域的一个山丘，据有关文献记载，在元末明初，才将这片水域的部分取名为"严西湖"。按现武汉地形，其在武汉东边，应叫东湖，而现在的东湖应叫西湖，这是为什么呢？

据有关文献记载，此水域自春秋战国始，历来为兵家必争之地，因此严西湖周边流传了许多关于历史英雄的美谈。如严西湖南面的鼓架山，相传春秋战国时期，楚庄王在此击鼓救驾，此山得名为鼓架山。三国时期，东吴孙权在鄂州称帝，操练水军、驻军于今张公山寨，并在今桃花岛上留有"水庙"遗址，后人为纪念孙权，在此山上建有吴主寺，山下水中有两块卦石。据说，周瑜出征即在此算卦。明代朱元璋与陈友谅在此水上征战，刘伯温为扶持朱元璋，在现严西湖北岸的一个山头上，斩断五龙使朱元璋得胜取天下，此山得名朱山，后来朱元璋为了稳定自己的政权将此水域赐给一个严姓湖霸，严姓湖霸以其姓氏、居所为界，为该水域定名，居所以西为严西湖，东边的为严东湖，此水域湖名沿用至今。

明末清初，李自成败逃九宫山，他的一位战将李世贤突围后流窜到这片水域的这个山丘上（现张公山寨），为了防守就在这里修寨，所以现在这里的村民大部分姓李。相传此地三李不同宗，五李不同族，后来有留下的部分人回宗原姓。此山原名为"寨山李"，山下东边建有和尚湾，对面山上建有十美寺。

清末民国初，张公山寨周边土匪出没，骚扰百姓。李世贤的后人李

武汉的人文景观

尧庭带兵剿匪还了百姓一个安宁，百姓为纪念张之洞将此山更名为"张公山"。在改革开放发展乡村休闲游政策指导下，李炳来先生将此地沿用明、清两代起名，取名为张公山寨。

## 毛主席曾在长天楼休息过吗

长天楼位于东湖风景区听涛区北侧，1956年兴建，总面积1775平方米。楼敞明洁，栏杆多趣，两端配以端直柱廊，通达左右方亭。全楼上下，可容纳千人同时就餐品茗。游人凭窗远眺，碧波万顷，欲接蓝天。大有"秋水共长天一色"之感慨，故以此得名。

长天楼

毛泽东、周恩来等中央领导人曾多次在此楼休息，并接待过许多国际友人。长天楼左旁是鲁迅广场，鲁迅半身坐像映衬在一丛丛翠柏苍松之间。广场上芳草如茵，水杉成林。楼前有落霞水榭，仿木石舫，旋梯登楼，秋水、蓝天、绿树……一幅天然山水画映入眼帘。

长天楼后北，有亭名取自唐代诗人柳宗元《渔翁》诗中的名句"欸乃一声山水绿"的"欸乃亭"。长天楼翠瓦飞檐，形若宫殿，两端配着端直的柱廊，通达左右方形凉亭，布局十分有序，气势雄伟。楼前重台，有许多绿色的植物；楼后庭院，装饰得很雅丽。登楼眺望，碧波万顷，好像与蓝天连在一起，令人胸怀坦荡。

## 双凤亭是为了纪念谁而建的

双凤亭在黄陂区城东鲁台山上，面临低水，背倚绿洲。亭高10米，重进六角攒尖式，琉璃碧瓦，飞檐翘角。亭上层为辅木和样木结构，下层由 12 根石柱组成。是为了纪念北宋著名理学家程颢、程颐所建的。

双凤亭

程氏原籍河南，因其祖父程通是黄陂县令而留居此地。传说程母梦见双凤投怀而相继生下他们兄弟二人，因此，亭名双凤。此亭原在县城，1463年复建于鲁台山麓之二程祠内。1666年移到此处，1843年被大风刮倒，1928年重建。上层梁架兼用楠木与樟木，底层柱枋皆为石材，造型精工，构筑坚固。亭中立石砌方形碑阁，四面嵌建亭碑记，石额上刻双凤朝阳及人物故事，形象生动。正面所悬"双凤亭"匾额是郭沫若题书的。亭东可望流矢湖，为二程当年习射之所，田畴万顷，湖光掩映；亭西渜水蜿蜒，如一条碧绿的丝带。历代的诗人雅士，在这里吟咏的有很多。

## 洪山宝塔为何有"数峰天外塔上塔"之誉

洪山宝塔位于武昌洪山南坡、宝通禅寺东北面，始建于1280年，是为了纪念开山祖师灵济慈忍大师所建，又名灵济塔。1485年，塔随寺改名为"宝通塔"。因坐落洪山，后人又称洪山宝塔。该塔七层八面，是砖石仿木结构，通高44.1米、基宽37.3米、顶宽4.3米，沿塔基圆门内石阶盘旋而上，可直达顶层，有"数峰天外塔上塔"之誉。登塔远眺，两山对峙，二水分

洪山宝塔

流，三镇英姿尽收眼底。

原建时每层外围均有木质飞檐和护栏，塔下周围为砖木结构的围廊，每层八角都坠着风铃，设计十分精巧，工程也很浩大，实为鄂中第一。后来在多年的风雨侵蚀中累加修补。1871年又进行了大规模的重修工程，1874年才完工，为了长久保留，将原木质飞檐改为石据，又把木栏改为铁栏，塔下围廊改为八方石阶。塔顶照原样增高五尺，且用文笔峰式铸铜一万三千斤结顶，以求永固。后洪山宝塔无人保护又遭新的破坏，宝塔条石有些脱落，各窗铁栏大部锈损，一万三千斤的铜塔尖濒临倒塌。如今，洪山宝塔已修缮一新，使千年古塔焕发了青春，为祖国山河增添了新的景色。每日吸引着不少游客登高远眺。

## 禹公矶与大禹有着什么关系

禹公矶在龟山东端，怪石嶙峋，直劈江水，与对岸黄鹤矶头锁江相望，形成长江中游的天然门户，有"天连吴蜀，地控荆襄，接洞庭之混茫，吞云梦之空阔"之势。相传"禹导水导山皆经此"，此"为大禹治水成功之所"，所以改名为禹公矶，并建禹王祠。后来这里的名胜逐渐增多，比如相传为大禹亲植的禹柏、元建的禹王庙、明建的晴川阁、清初名士毛会建从衡山摹刻的岣嵝碑等，但新中国成立前多已毁废。现重建有古色古香的禹王庙、雄伟宏丽的铁门关、层楼飞举的晴川阁及"荆楚雄风"碑刻等。新植的无数禹柏正茁壮成长，禹公矶头显得挺拔俏丽。还有一种传说大禹治水时在禹公矶种下的柏树根茎蔓延百里而至此，使得泉水地灵。

由此可见，禹公矶就是为了纪念大禹所建的。

## 鹦鹉洲有着怎样的传说

鹦鹉洲，是一个地名，原在武汉市武昌城外江中。相传由东汉末年

鹦鹉洲长江大桥

祢衡在黄祖的长子黄射大会宾客时，即席挥笔写就一篇"锵锵振金玉，句句欲飞鸣"的《鹦鹉赋》而得名。后祢衡被黄祖杀害，也葬在鹦鹉洲上。历代不少名人，"藏船鹦鹉之洲"纵观大江景色，留下了很多诗篇，唐崔颢"晴川历历汉阳树，芳草萋萋鹦鹉洲"，李白"烟开兰叶香风暖，岸夹桃花锦浪生"，孟浩然"昔登江上黄鹤楼，遥爱江中鹦鹉洲"，更是传诵至今的佳句。鹦鹉洲在明末逐渐沉没。清乾隆年间，新鹦鹉洲已和汉阳连成一片。那么你知道鹦鹉洲的相关传说吗？

相传东汉末年，名士祢衡一身傲骨，因不满曹操的为人，称病拒绝召见。曹操怀忿，但碍其才名不便杀之，罚做鼓吏。祢衡则当众裸身击《渔阳三挝》骂曹，鼓音殊妙，深沉辽远，反将其羞辱了一番。于是曹操借刀杀人，遣祢衡到刘表处。刘表不愿落骂名，转荐给江夏太守黄祖。祢衡和黄祖的儿子黄射非常要好，常常在一起玩耍作乐，饮酒赋诗。那时候，长江中有一座江心洲，洲上一片荒芜，杂草丛生，野兔出没。有一天，黄射邀请祢衡到江心洲上去打猎饮酒。江夏太守的儿子请客，又选在长江当中的沙洲上，去的人不少，打算痛痛快快玩个够。那天，一位名叫碧姬的歌女斟了满满一盅酒捧到祢衡面前说："久闻先生清高的美名，只恨没有缘分见到你，今天有幸，希望先生满饮此杯，别嫌我卑贱低微。"

祢衡没想到在酒场上遇到知己，很受感动，接过酒杯一饮而尽。正在笑闹的时候，有人将一只羽毛碧绿的红嘴鹦鹉献给黄射，黄射高兴地又将鹦鹉奉给祢衡说："这只鹦鹉转送给你，但是你要写一首咏鹦鹉的文章，让今天参加宴会的人欣赏欣赏。"碧姬一听，马上挽起袖子磨墨。祢衡是个有名的才子，才华过人，只因生在乱世，才智不得舒展，故一直心存怨恨。今天他见了鹦鹉，不禁触动心事，便借物抒怀，一挥而就写了一篇《鹦鹉赋》。那赋的意思是说：鹦鹉是一只神鸟，可是没有人认识它，只把它当作笼中的玩物。祢衡写完赋后，又把鹦鹉转赠给了碧姬，以表达同病相怜的情意。后来，这篇《鹦鹉赋》被黄祖看见了，他怕祢衡以后得志对自己不利，就借故把他杀害了。黄射把他埋葬在江心洲上。

碧姬穿一身重孝，带着祢衡转赠给她的鹦鹉来到洲上，哭倒在祢衡墓前。后来她哭够了，就一头撞死在墓碑前。那天夜里那只鹦鹉彻夜哀鸣。第二天，人们发现鹦鹉也死在祢衡墓前了。江夏城里的人集资为碧姬修了一座坟墓，把鹦鹉也一同葬在洲上。从此，人们就叫江心洲为"鹦鹉洲"。成为国内著名的五大河洲之首。后来，到了明成化年间，鹦鹉洲沉入江底。可是三百年后，汉阳南门外江边又升出一个新沙洲，人们在沙洲上发现了碧姬的尸体，那只鹦鹉已经变成了一块绿色的翡翠石。这只翡翠鹦鹉被地方官拿去献给了乾隆皇帝，乾隆皇帝将汉阳南门外的新沙洲重新命名为"鹦鹉洲"。

## 墨水湖名字是怎么来的

墨水湖，位于湖北省武汉市归元寺以西，汉阳大道以南，由龙阳湖、太子湖等十几座大小湖泊汇集而成。古时曾是汉阳十景之一，即"平塘古渡"。属汉阳东湖水系中的浅水湖泊。

那么你知道墨水湖的名字是怎么来的吗？

墨水湖的名称来源及传说有许多个，最主要的有四个：第一个传说，因湖色浓碧，富含藻类和微生物，经千百年不断繁衍死亡而存积湖内，致使湖水墨绿，故名。

第二个传说，古代有个秀才住在湖边，每日勤奋著书写字，常到此洗笔（也有说是五代十国时期，昭明太子写《昭明文选》后，在湖内洗笔），而把湖水染黑，致湖色墨黑而得名。

第三个是一段神话故事。在

墨水湖

远古，从汉阳五里墩到七里庙一带是一片沼泽湖汊，芦苇蓬蒿丛生，有条乌龙经常在此兴风作浪，百姓深受其害。为制服恶龙，百姓们决定建筑一条长堤，把乌龙困死。他们日夜苦干，刚把堤筑起一人多高，就被乌龙一个翻身扫毁殆尽。这时来了一个白胡子老头儿，见大家垂头丧气地望着湖汊发呆，便站住脚，捻着胡须，对大家笑吟吟地说："白天干、晚上挑，不如钢钉钉龙腰。"接着，老人同村民们一起干了七七四十九日，炼成一根三丈三尺长的大钢钉，让大家抬起对准五里墩、七里庙之间一处，猛地一插，让年轻力壮的人轮流抡锤猛砸，顿时，地动山摇、狂风暴雨，地下传出翻滚号叫声。不一会儿，乌龙挣扎抬露出头，张口喷吐出一大股黑血后死去，这股黑血瞬间将七里庙外渍出一个黑沉沉大湖。原来这白胡子老头是玉皇大帝派的天神，是来助人们斩龙除害的。令人惊奇的是，渍成的湖水墨黑，可以写字、作画，附近的学子都来取湖水使用，于是当地百姓都叫它墨水湖。

第四个传说，据说在700多年以前，成吉思汗的三太子窝阔台在大臣木华梨的陪同下，来到这里，驻马山顶，只见一汪南北山峦相拥、绿树环合、清澈如镜的湖水。茂盛的草场獾狍出没、百花斗艳，凉风吹来，顿觉心旷神怡。此后窝阔台便经常乘兴出宫，游玩于此。故得名太子湖。湖水碧波荡漾，鱼儿嬉戏其中，坐在游船、快艇上荡游太子湖，可尽情领略"日出江花红胜火，春来江水绿如蓝"的高原"水乡"风光。

### 墨水湖的主要景点有哪些

墨水湖的主要景点之一是龙阳湖。龙阳湖已开发为湖北省武汉龙阳湖旅游度假区，地处武汉市西南端，东临长江，北依汉水，南邻武汉经济技术开发区，西通三峡，总面积10平方公里。龙阳湖在长江汉水间游刃有余，群山环抱，翠绿葱郁；湖水清澈，无工业污染；气候凉爽，空气清新，夏季气温比市区低3～4摄氏度，是休闲度假的宝地。该度假区规划为八个功能区，集文化娱乐、别墅公寓、风景浏览、体育休闲、康复疗养、水上游乐等于一体。

除了龙阳湖外，还有一个景点是蚌壳洲。蚌壳洲面积0.01平方公里，因岛形酷似蚌壳而得名。现洲上驻有渔民，织网晒船、炊烟袅袅、绿荫掩屋。在夜幕下远望蚌壳洲的隐约渔火，给人以神秘的遐想。

武汉动物园也建在墨水湖畔上。1978年7月经国家建委考察确定，武汉动物园被纳入全国八大动物园之列。全园三面环湖，形成半岛，水陆面积48.3公顷，具有湖光山色、鸟语花香的自然景观。是一座把风景、动物、植物和游乐融为一体的综合性半自然式的动物园。现有鸟馆、中型猛兽馆、鹿苑、狮虎山等十多处动物展区。儿童游乐动物园、水上乐园、风景园更是动物园的园中园，具有科教、游乐、赏景等多种特色。

# 武汉的美食与特产

　　武汉是"九省通衢"之地的大都市，南来北往的各色美食都在这里沉淀下来，并融入当地的特色。武汉当地的小吃经济极为发达，大街小巷无处不在，生意兴隆，食客盈门。下面就让我们一起来看看武汉都有哪些特色美食及特产吧。

# 武汉的美食

## 热干面是中国五大名面之一吗

热干面，是武汉一大特色小吃。它的面条没有汤汁，煮好后直接淋上酱汁调料，故得名为"热干面"。

热干面

几乎每个武汉人吃早餐时，都会首选热干面，武汉人对热干面的热爱程度可见一斑。制作热干面的面条讲究纤细爽滑有筋道，酱汁则采用芝麻酱、香油、香醋、辣椒油、酱菜等多种配料搭配而成，口感非常丰富。吃的时候再撒一把香喷喷的萝卜干和花生碎，整碗面色泽鲜黄油润，辣味爽口，令人食欲大开。

正因为武汉热干面口感绝佳，它与山西刀削面、河南烩面、四川担担面及北京炸酱面并称为"中国五大名面"。

## 热干面是怎么来的

热干面的前身是切面。因武汉气温高，夏季长，故人们习惯在面条中加入食用碱，以防止其变质。切面就是这样诞生的。清朝的《汉口竹枝词》中有记载："切面豆丝干线粉，鱼餐圆子滚鸡汤"，可见切面历史悠久。

在20世纪初，卖小吃的小贩李包将切面做法加以改良。他把切面煮熟后沥水，加上香油，做成了最初的热干面。到20世纪30年代初期，汉口长堤卖汤面的蔡明伟为加快面条出货量，通过反复试验，摸索出一套新技艺：面煮到七八分熟，将其快速降温并抹上油，再加入香气扑鼻的芝麻酱，香而鲜美的热干面就可以端到客人桌上了。这种做法的热干面爽而筋道、黄而油润，自推出后大受欢迎。"蔡林记热干面"由此也成了武汉热干面最硬的一块招牌。

## 武汉豆皮是怎么制作的

武汉豆皮也是最受武汉人欢迎的早点之一。它原为民间小吃，后经过老通城酒楼的推广改进，博采众长，最终成为一款远近闻名的武汉名点。制作豆皮时，要先将黄豆、大米混合在一起磨成豆浆，再放到锅内摊成薄饼。在饼皮内放上煮熟的糯米、肉丁、鲜蛋、虾仁等馅料，用油煎制而成。豆皮煎好后金黄发亮，入口酥松嫩香。

武汉豆皮

上好的豆皮，其用"豆"必须是脱壳黄豆，其用"皮"必须是精制米浆。其馅必须采用鲜肉、鲜菇和鲜笋，其形状则必须方正而薄，其色必须金黄……老通城的豆皮很有名气，曾获得过中国饮食界的最高荣誉——"金鼎奖"。

## 面窝是清朝光绪年间诞生的小吃吗

面窝始于清光绪年间。传说那时的汉口汉正街集稼嘴附近生活着一个卖烧饼的小贩，名叫昌智仁。昌智仁的烧饼生意一直不好，他在万般焦虑之中想尽一切办法去制作早点新品种。经过深思熟虑，他请来铁匠，打制出几把窝型中凸的铁勺，在勺子内浇上用大米、黄豆磨成的米浆，再撒上黑芝麻，放到油锅里炸。不一会儿，一个个边厚中空、色黄脆香的圆形米饼就诞生

面窝

了。这些米饼吃起来厚处松软，薄处酥脆，味道鲜香，这就是面窝的诞生过程。

　　除了米面窝外，武汉还有炸豌豆窝、苕面窝等，每种面窝都别有风味。面窝既可以单独作为早餐主食，也可以与热干面、清酒或汤面搭配，是一种价廉物美的武汉特色小吃。

## 为什么说糊汤粉是武汉人的羊肉泡馍

　　糊汤粉，是著名的武汉传统小吃，一般与油条相配。鲜鱼糊汤粉泡油条，更是被誉为"武汉一绝"。人们都说糊汤粉在武汉的江湖地位，就跟西北地区的羊肉泡馍一般。

湖汤粉

　　糊汤粉的粉，其实就是最普通的那种米粉。它的关键点在于"糊汤"，这汤是用两三寸长的野生小鲫鱼熬制而成，味道鲜美。熬汤时，需用文火慢炖至少一个通宵，直到鱼肉不见形，鱼骨也几乎熬化。这样熬制出来的鱼汤，才能达到味鲜汁浓、回味清甜的标准。吃糊汤粉时，先用竹捞子盛上一把米粉，放进开水锅中烫几下捞起，再盛入有鱼糊汤的碗里，加入葱花、萝卜丁等配料，和着刚起锅的热油条，酥软、滚烫的滋味浸入

舌尖，口感妙不可言。

实际上，最初的糊汤粉诞生在武汉码头上。码头工人买不起昂贵的食物，只好去菜市场水产摊子上收集卖不出去的鱼杂鱼头，经熬煮后加入大量胡椒掩盖腥味。吃时配上油条，十分顶饿。发展到今天，糊汤粉已成为武汉这个水乡泽国的专属味道。鲜美的滋味配上曲折的发展历程，糊汤粉也被称作"武汉人的羊肉泡馍"。

## 欢喜坨的背后有什么样的故事

欢喜坨，又名欢喜团、麻汤圆、麻鸡蛋。它是用糯米粉裹成圆团，再粘上一层芝麻，放到油锅里煎炸而成的。欢喜坨形状像一枚核桃，外酥内软，甜而不腻。在武汉不少大、中型酒店都能找到它的身影。

欢喜坨

在欢喜坨的背后，有一段曲折的故事。相传清末时期，在荆州城内有一家人姓陶。战乱中，陶家人失散各地。历经重重险阻，方阖家团聚。陶姓老人感念于亲人们在动荡的时局中无人走失或身亡，遂找出家里存放的糯米，经淘洗、磨浆、沥干后，掺入面粉、红糖，搓成小团，最后粘上芝麻粒，入油锅煎炸熟。一家人围坐桌边分吃糯米团子，吃得其乐融融。为了纪念家庭团圆，陶家人便称其为"欢喜坨"。

## 鸭脖起源于武汉精武路吗

鸭脖是武汉美食界的一张名片，它发源于汉口的精武路，将川味卤方改进后用在鸭脖上，味道鲜香麻辣，口感刺激。

原本鸭脖是类似鸡肋的存在，食之无味，弃之可惜。然而经过几十种纯天然香料的精心烹制后，它迅速变身为一道经典美食。鸭子每日里觅食时头颈时常伸缩，故而鸭脖肌肉纤维被锻炼得十分有韧劲，鸭脖肉层次分明，非常有嚼劲。吃完肉，还可以吮吸骨节中间的骨髓，一时间甘香麻辣咸鲜酥等多种滋味一同涌上舌尖，令人欲罢不能。

精武鸭脖

鸭脖的滋味核心，在于卤汁的制作上。做卤汁需要二十余种配料，包括干辣椒、八角、桂皮、小茴香、丁香、砂仁、花椒、豆蔻、香叶等，另外再加红曲米及葱姜等。将配料下油锅炒制后掺入鲜汤焖煮2小时以上，辣味卤汁就诞生了。接下来，把加工好的鸭脖子倒入烧开的卤汁中泡制，让食客回味无穷的鸭脖便可以出锅了。

如果你要吃鸭脖，一定要去精武路。在汉口精武路这条窄窄的小巷子里，开满了贩卖鸭脖的店铺。成千上万根油光红亮的鸭脖挂在摊位上出售，场面颇为壮观，相信你一定可以大饱口福。

## 扬州小笼包是如何演变成武汉汤包的

灌汤包是武汉著名小吃，起源于明朝时期。当时，有部分江苏厨师来到武汉，贩卖扬州小笼包。然而扬州小笼包口感偏甜，不太符合湖北人口味。故而湖北名厨田玉山加以改进，通过肉皮冻调馅的手法，制作出以咸为主，略微带甜的小笼包。后来，汤包大王——钟声楚又在传统鲜肉汤包的基础上，创制了香菇汤包、什锦汤包等。汤包从此成为一款独具武汉风味的名点。

在各类汤包品种中，最受人喜爱的要数蟹黄汤包了。它用发酵面皮包裹肉馅

武汉汤包

后，捏成鲫鱼嘴的形状，再上笼蒸。馅料一般选用小型毛蟹的肉、蟹油以及蟹黄，配上生姜丝、猪肉冻和麻油、酱油等调料，蒸熟后蘸醋食用。一口咬下去，只觉汤鲜，皮薄，馅嫩，丝毫没有油腻的感觉，真可谓脍炙人口。

## 为什么说四季美是武汉的汤包大王

在汉口中山大道江汉路口附近，有一家叫四季美的小吃店。它于1927年开业，生意兴隆。因一年四季都有美食供应（春天的炸春卷、夏天的冷饮、秋天的炒毛蟹、冬天的酥饼），故而取名为"四季美"。

四季美汤包

四季美演变为专供小笼包的汤包馆，是在特级厨师钟生楚到店之后。钟生楚在店里制作出各种武汉化的江苏风味小笼汤包，这些汤包用馅讲究，选料严格。肉馅要一指膘的精肉，蟹黄要阳澄湖大闸蟹。除鲜肉汤包外，四季美还会根据时令制作虾仁汤包、鸡茸汤包、什锦汤包等。因其汤包味道十分鲜美，广受食客好评，故后来四季美得了个"汤包大王"的美誉。

## 为什么洪山菜薹又叫"金殿御菜"

洪山菜薹是紫菜薹中的一类珍稀品种，因原产于武汉洪山区一带而得名。它具有茎肥叶嫩、色香味美的特点，外观与油菜相似，顶端带花，只是颜色和汤汁呈现出紫黑色。

早在3世纪以前，紫菜薹就是我国人

洪山菜薹

武汉的美食与特产

民普遍食用的蔬菜之一了。《名医别录》里记载"人间所啖菜",指的就是紫菜薹。7—10世纪,洪山菜薹成为湖北地方进贡的土特产,故而得名为"金殿御菜",与武昌鱼齐名。它的味道究竟有多鲜美?我们可以从几个小故事里加以体会。

故事一:

据说宋代文豪苏东坡带着妹妹来到黄鹤楼游览,很想品尝洪山菜薹。然而当时正值寒冬,菜薹未上市。于是,两兄妹特意在武昌滞留了一段时间,直到品尝到洪山菜薹的滋味后,方才离去。

故事二:

相传黎元洪到北京当大总统时对洪山菜薹念念不忘。他每到冬天都会派专人来到洪山运输紫菜薹到北京食用,但由于路途遥远,菜薹运到北京时往往已经失去原本的味道。黎元洪曾要求手下将洪山泥土装载到北京用于种植紫菜薹,然而种出来的味道始终不如当地的菜薹。正因如此,黎元洪更是感受到洪山菜薹的珍贵。

故事三:

李鸿章的哥哥也喜欢吃洪山菜薹,一度用船只运送洪山土壤到合肥种菜。当时湖北还有句民谣"制军刮湖北地皮去也",说的就是李瀚章运土一事。

## 有哪些诗人曾沉醉于武昌鱼的美味中无法自拔

清蒸武昌鱼是武汉一道传统名菜。制作时,通常选用鲜活的武昌鱼为主料,加上盐、料酒、葱、姜等腌制后上蒸笼蒸。蒸8～10分钟,即可加入酱油调味,再撒上葱白丝和辣椒丝装饰一下——一份口感滑嫩、清香美味的清蒸武昌鱼就出锅啦。

武昌鱼

毛泽东在《水调歌头·游泳》中写道："才饮长沙水，又食武昌鱼。"这首词诞生地7年后，武昌鱼正式被定为湖北省地方风味菜肴。其实，早在东吴时期，武昌鱼就成为当地人所熟知的佳肴了。265年，东吴末帝孙皓准备从建业迁都武昌。因左丞相陆凯劝阻时，用了"宁饮建业水，不食武昌鱼"这句话，故武昌鱼的名气就传开了。唐代岑参也曾吟咏"秋来倍忆武昌鱼，梦著只在巴陵道"；苏轼更提笔写下了"长江绕郭知鱼美，好竹连山觉笋香"的千古名句。清蒸武昌鱼滋味之美，正是在这些诗句中流传至今。

## 武汉也有糯米鸡吗

众所周知，糯米鸡是一款广州名点，用荷叶包裹糯米与鸡肉加入酱料后蒸煮而成。其实，糯米鸡也是武汉的一道名小吃，但它的做法与广州不同：没有鸡肉。

武汉糯米鸡是用五花肉、糯米、香菇、笋等经过蒸煮、搅拌最后入锅油炸制成。成形后的糯米鸡外表金黄，面上凹凸不平，像鸡皮一样。这也是为什么这道小吃明明没有用鸡肉做原料，却得了个"糯米鸡"美名的缘故。在武汉，几乎每家早点铺都有糯米鸡贩卖。用筷子夹起，送到嘴边咬上一口，外层焦脆，内里绵软，满嘴都是肉香，令人忍不住大快朵颐。

糯米鸡

## 烧梅就是烧麦吗

武汉人口中的烧梅，实际上就是北方的烧麦。这是一款全国各地都有的传统小吃，只是各地称呼不一。

武汉烧梅与北方烧麦在馅料选用上没有多大的区别，但烧梅讲究重油，肉丁、香菇以及笋都浸泡在油里，再加上黑胡椒做调料，吃起来虽有微辣，但那种滋味绝对又香又滑。黑胡椒的广泛使用，是烧梅与一般烧麦区别开来的一个重要特点。多了这款调味料，烧麦这一普普通通的小吃，从此就带上了武汉独有的味道。

烧梅

在武汉吃烧梅，推荐位于汉口花楼街、交通路交会处的顺香居。这家店有着近50年的历史，制作的重油烧梅，虽油重，却一点不腻人。每一枚烧梅的形状都像极了一朵菊花，光是看上一眼，就叫人胃口大开。顺香居的烧梅馅除了传统的肉与香菇外，还有以花生米、橘饼、葡萄干等入馅的主打香甜的类型。不论是传统咸味烧梅，还是新式甜味烧梅，都能让客人食之不厌。

## 五芳斋汤圆有哪些独特之处

说到汤圆，人们大多会立即想到五芳斋，五芳斋汤圆，是武汉市乃至湖北省的知名品牌。

武汉五芳斋是一家酒楼，建于1945年。当时，倪锦才先生申请旧汉口政府出资而设，最初商号名称为"上海五芳斋"。五芳斋以汤圆闻名，口味偏宁波风味，以黑芝麻、桂花等做汤圆馅，讲究选料严谨、配料传统、制作精细、口感醇正，吃起来味道鲜美异常。

80年过去了，五芳斋连续获得数块饮食界金牌。其中一块，就是"汤圆大王"。目前的五芳斋汤圆，已经开发出了几十种不同口味。但最受大众欢迎的，依然是传统的芝麻汤圆。许多武汉人对五芳斋的黑芝麻汤圆有了深厚的感情，只要从五芳斋路过，就会忍不住来上一碗。滚烫美味的汤圆下肚，整个人似乎都感到熨帖了起来……

## 武汉哪里的牛肉豆丝最美味

豆丝是以绿豆和大米作为原料，磨碎成浆，再在锅里摊成皮，切成丝制作而成的一款小吃，深受武汉人喜欢。豆丝的做法分汤豆丝、干豆丝、炒豆丝等多种，最出名的要数老谦记的牛肉豆丝了。

牛肉豆丝

老谦记坐落在武昌司门口，主营炒牛肉豆丝。炒的时候，可以根据顾客的要求进行干炒或软炒，每种炒法都有其独特风味，只在火候上有些微区别。制作时，选用上好的豆丝、水发香菇以及玉兰片等，加上调味作料，用麻油炒熟。牛肉豆丝一入口，肉爽滑鲜嫩，豆丝绵绵软软，两种味道交叉在一起，令人欲罢不能。

另外，坐落在汉口中山大道六渡桥一带的福庆和味道也不错。福庆和以经营黄陂风味的豆丝著称，主打粉质软滑、味鲜可口，也吸引着大批顾客。

## 武汉最出名的汤是什么

说到武汉煨汤，相信大部分人第一反应便是莲藕煨汤。武汉水产丰富，盛产莲藕。莲藕煨排骨汤，虽然不算名贵，却是最具有市井气质的一款煨汤。莲藕煨汤所用藕段以粗短的为佳，冬天的藕更好；排骨则讲究用直排，因直排的味道更香更浓。煨汤前，先将排骨放入加

莲藕煨汤

油加姜的铁锅中爆炒以祛除血水，再投入适量白糖，以使调味料深入排骨。随即将排骨放到砂锅中，加冷水用武火煮沸。待汤水带白，投入藕块，用文火炖煮。好的莲藕煨汤，排骨肉骨脱离却不分开，藕块咬起来有面、粉的感觉，同时汤味鲜美，汤色泛白。

每逢家庭聚餐，武汉人的饭桌上总是少不了这道莲藕煨汤。这款汤对贫血、心慌失眠的人而言有调养的功效，长期喝莲藕煨汤能够滋补身体。因此，莲藕煨汤被奉为武汉的招牌菜。

## 小桃园的汤是"瓦罐风味盖百家"吗

"江汉川泽鱼虾美，瓦罐风味盖百家。"武汉人对汤的热爱，可谓在这句诗中体现得淋漓尽致。要说武汉汤品，还得数小桃园煨汤为首。它

小桃园

位于汉口胜利街兰陵路口，本名为"筱陶袁"，最初是来自黄陂的陶姓、袁姓两个小贩搭棚设摊，贩卖油条、豆浆。后来他俩合作经营煨汤，名之为"筱陶袁"。新中国成立后，"筱陶袁"更名为"小桃园"，并经营至今。小桃园的煨汤与老大兴鮰鱼、四季美汤包以及老通城豆皮并称为"武汉四大名吃"。

小桃园经营的汤品多种多样，如甲鱼汤、鱼片汤、芸豆肚片汤、冬瓜石蛙汤、牛肉萝卜汤、芋头土鸡汤等，尤以瓦罐鸡汤出名。瓦罐鸡汤利用黄陂一带肥嫩母鸡为原料，剁块爆炒后在盛有沸水的瓦罐里用小火煨透，味道十分鲜美，营养丰富。

除此之外，小桃园的八卦汤也值得一尝。八卦汤实际上就是乌龟汤。因古人在乌龟壳上占卜八卦，故乌龟又被称为"八卦"。小桃园做的八卦汤，工序多达11道。

## 武汉早点米粑粑又叫什么

如果你在武汉的小巷口看到一辆板车，板车上放置着一口大灶、灶上又架着一口大平锅，那么恭喜你：你找到做米粑粑的小摊点了，可以大饱口福了。

米粑粑又叫对对粑或对粑，因为它的形状像半个月亮，成对出卖。小孩子则称它为"粑粑"。米粑粑物美价廉，是武汉市民非常喜欢的一种早点。制作米粑粑，要把大米磨浆后发酵，在平底锅里，用小火慢慢烘烤。烤出的米粑粑

米粑粑

外面金黄焦脆，内里洁白软润，吃起来甜甜糯糯，还带着淡淡的米酒香味，十分可口。

## 谈炎记有着怎样的前世今生

武汉的豆皮大王是老通城，汤圆大王是五芳斋，而水饺大王，则是始创于1920年的谈炎记了。那时，黄陂人谈志祥来到武汉谋生。他做了一副担子，前面挑着炉子，后面筐里放上锅碗，带着饺子皮、肉馅和调料，在三曙街夜市做了一名流动小贩。谈志祥的水饺是下过功夫研究的：他在猪肉里掺入牛肉，既可以提鲜，又能够保证味道不过于油腻。

谈炎记

谈志祥的水饺生意越来越红火，他的小摊逐渐变成了店面，在武汉地区卖响了名号。新中国成立后，谈志祥将谈炎记移交给国家，让自己的儿子成为只享有名誉管理权的经理。

20世纪70年代，谈炎记从利济南路搬到了利济北路，还扩充了店面，

进行了装修。装修后的谈炎记推出了能够容纳20多人的雅厅，厅中摆放着高级圆桌和软皮座椅，出售高级水饺。这种高级水饺馅料多为鸡茸、鱼茸等，比普通的香菇饺贵好几倍。当时，许多名人都爱在谈炎记吃水饺。例如，唱湖北大鼓的张明智，以及严顺开等。在20世纪80年代，谈炎记又开发出芹菜猪肉、白菜猪肉和酸菜猪肉等品种，只愁做，不愁卖，很多人找上门来吃水饺。

1989年，谈炎记研制出香菇水饺、虾米水饺、鸡茸水饺、蟹黄水饺、财鱼水饺等品种，其中虾米香菇鲜肉水饺被评为"中华名小吃"。

时间进入90年代，谈炎记积极引进台湾商人，开设了"台北斗牛士快餐店有限公司"，但此后在市场竞争冲击下，水饺经营一度处于停顿状态。直到2000年，政府介入协调，收回店面，谈炎记原国有体制改为股份制企业，走上加盟连锁发展道路，方才得以再度发展。

# 武汉的特产

## 武汉的麻烘糕有着什么特点

麻烘糕是湖北著名的地方传统糕类食品，有着悠久的历史。麻烘糕用料考究，制作精细，香甜松脆，质地优良。

产品的特点之一是用料讲究。用料选自湖北应山县的上等糯米，黄梅县特有的黑芝麻，咸宁县特产桂花，配上精制绵白糖、小磨香油等优质原料，按传统生产工艺精制加工而成。

糕片呈长方形薄片状，白线边，边白如雪，与黑麻芯黑白相映，形成鲜明对照，各显自身特色。既有米烘糕香松脆爽的特点，又有云片糕甜润易溶的风味。其浓郁的芝麻香味、桂花清香沁人肺腑，是品茶待客馈赠亲友的佳品。

麻烘糕

## 武汉汉绣被挂在人民大会堂吗

武汉汉绣是武汉出产的特色绣品，也是国家级非物质文化遗产。武

武汉的美食与特产

汉汉绣采用铺、平、织、间、压、缆、掺、盘、套、垫、扣的针法，以"平金夹绣"为主要表现形式，分层破色、层次分明，对比强烈，追求充实丰满、富丽堂皇的热闹气氛。

汉绣

绣品可以枝上生花，花上生叶，叶上还可出枝，充分体现"花无正果，热闹为先"的美学思想，呈现出浑厚、富丽的色彩。武汉汉绣绣品主要有四大类，即民俗产品、舞台文艺用品、宗教文化用品、灯会庙会产品等。武汉汉绣作品曾多次在京展出，还参加过巴黎、华沙等国际展览。

1910年、1915年，武汉汉绣制品在南洋赛会、巴拿马国际博览会上获得金奖。充满地方文化特色的武汉汉绣大型挂壁"三棒鼓舞""闹莲湘"等作品被选送北京，悬挂在人民大会堂湖北厅。汉绣大师任本荣是省级非物质文化遗产代表性项目传承人、武汉汉绣第四代唯一传人，他成立了武汉汉绣艺术研究院，致力于武汉汉绣资料的抢救和整理工作，并用4年时间为香港回归、澳门回归、中华人民共和国成立50周年绣制了3大挂件，现收藏于武汉博物馆。

## 咸酥饼为什么被誉为酥点一绝

咸酥饼是武汉市的传统名点之一，主要食材是米稀、猪油，因有特制的脂烙酥而得名。特点是金黄色，层次清晰，脆而不碎，油而不腻，香酥适口。

那么你知道咸酥饼的制作方法吗？

1.制皮：首先讲究米稀捞浆。熬糖浆时，关键在碱的用量，碱量可由浆中的小泡来判断，以小泡互相靠拢不破为碱量合适。最后将米稀与高筋面粉和食油拌和均匀、分堆折叠均匀。

2.起酥：用高筋面粉9千克加入猪油3千克、植物油1千克，混合擦透、擦匀。

3.制馅：砂糖、熟面、小苏打均需预先过筛，陈皮剁碎后，根据天气冷暖调入食油，与馅混匀。

4.烘烤：这种咸酥饼必须用传统的七星炉反复进行烘烤，严格掌握火候，做到表面起鼓，不露馅，饼边有鸡毛裂纹，吃起来皮酥有层次。

咸酥饼

咸酥饼的特点是薄皮大馅，在白芝麻的饼面上平镶有黑芝麻组成的"玉"字，不仅形色诱人，而且入口麻香酥脆，因此被人誉为酥点一绝。

## 武昌鱼是产自武昌吗

20世纪50年代由易伯鲁等30多位中科院水生所研究人员发现梁子湖中有一种鳊鱼是以往文献中没有的。他们将其命名为团头鲂，俗称武昌鱼。

武昌鱼体长165～456毫米。体侧扁而高，呈菱形，口端位，口裂较宽，呈弧形，体呈青灰色。主要分布于长江中、下游的中型湖泊。武昌鱼营养丰富，一般人都可食用，老少皆宜。

既然是武昌鱼，那它一定产自武昌喽？其实不然，武昌

武昌鱼

鱼原产于梁子湖、长港及入江口樊口。"武昌鱼"的"武昌"不是指今天的武昌，而是指古武昌，今天的鄂州。

武昌鱼比较适合于静水生活。平时栖息于底质为淤泥、生长有沉水植物的敞水区的中、下层中。冬季喜在深水处越冬。武昌鱼为草食性鱼类，鱼种及成鱼以苦草、轮叶黑藻、眼子菜等沉水植物为食，因此食性较广。

## 黄陂泥塑已畅销海外了吗

黄陂泥塑的知名度很高，汉阳归元寺的五百罗汉和木兰山的神像就是它的传统代表作。归元寺五百罗汉是湖北黄陂王氏父子用9年时间塑成的。黄陂至今是湖北的雕塑之乡，有悠久的泥塑历史传统，技艺娴熟，艺人辈出。

据记载，归元寺的五百罗汉，是以南岳衡山祝圣寺的五百罗汉石刻拓本为依据，进行加工提炼，创造而成的。工艺上采用"脱胎漆塑"，又称"金身托沙塑像"。先用泥胎塑成模型，然后用葛布生漆逐层粘贴套塑，称为漆布空塑，最后饰以金粉。它的特点是抗潮湿，防虫蛀，经久不变。200年间罗汉堂几次受水灾侵袭，罗汉满堂漂，但水退后罗汉仍完好无损，可见雕塑工艺之高超。

黄陂区泥塑工艺厂制作的《七品芝麻官》《八仙过海》《金童玉女》和《莉娜小姐》等，形象生动，妙趣横生，惹人喜爱。他们的产品不仅在国内畅销，而且远销到英国、法国、意大利、新

黄坡泥塑

加坡等国。黄陂区泡桐店镇是著名的泥塑之乡，农民泥塑大放异彩，小型多样，造型富有泥土气息，既有严肃端庄的人物，又有滑稽诙谐的变形漫塑，从木兰将军到红楼仕女，从中国的神话人物哪吒到西方的著名喜剧大师卓别林等，都塑造得栩栩如生。老艺人戴和清曾为来访的外宾当场塑像，被传为佳话。泡桐的泥塑曾到美国俄亥俄州展出，受到欢迎。这真是武汉人的骄傲，更是中国人的骄傲啊！

附 录

### 黄鹤楼

黄鹤楼位于湖北省武汉市长江南岸的武昌蛇山之巅，是国家5A级旅游景区，享有"天下江山第一楼""天下绝景"之称。黄鹤楼是武汉市标志性建筑，与晴川阁、古琴台并称"武汉三大名胜"。该建筑又与湖南岳阳楼、江西南昌滕王阁并称为"江南三大名楼"。黄鹤楼始建于三国时代吴黄武二年（223）。唐代诗人崔颢在此题下《黄鹤楼》一诗，李白在此写下《黄鹤楼送孟浩然之广陵》，历代文人墨客在此留下了许多千古绝唱，使得黄鹤楼自古以来就闻名遐迩。

### 晴川阁

晴川阁位于湖北省武汉市汉阳龟山东麓禹功矶上，始建于1547—1549年，为汉阳太守范之箴在修葺禹稷行宫（原为禹王庙）时所增建，得名于唐朝诗人崔颢"晴川历历汉阳树，芳草萋萋鹦鹉洲"的诗句。晴川阁北临汉水，东濒长江，与武昌蛇山黄鹤楼隔江相望，是武汉地区唯一临江而立的名胜古迹，有"楚天第一名楼"之称。

### 古琴台

古琴台又名俞伯牙台，始建于北宋，重建于1796年，位于湖北省武汉市汉阳区龟山西脚下的月湖之滨，东对龟山、北临月湖，是中国音乐文化古迹、湖北省重点文物保护单位、武汉市文物旅游景观之一，与黄鹤楼、晴川阁并称"武汉三大名胜",有"天下知音第一台"之称。据记载,春秋战国时期俞伯牙于该处偶遇钟子期,弹奏一曲《高山流水》,伯牙视子期为知音,并相约一年后重临此地。一年后伯牙依约回来,却得知子期已经病故,伯牙悲痛之余,从此不复鼓琴,史称伯牙绝弦。古琴台建筑群占地约15亩,除殿堂主建筑外,还有庭院、林园、花坛、茶室等,布局精巧、层次分明。殿堂前有琴台,为汉白玉筑成的方形石台,约20平方米,相传为伯牙抚琴之处。

## 湖光阁

湖光阁俗称湖心亭,在东湖中心狭长的芦洲上。底径14米、高19米,上下两层,八角攒尖顶,飞檐外展,上覆翠瓦,掩映于疏林之间,更显俊俏秀丽。阁内装修精致,陈设典雅。登临上层,爽气扑怀,四周湖光山色尽收眼底,故名。阁旁衬以玲珑花坛。芦洲前后,平时沙鸥隐现,冬季鸿雁翔集。泛舟游湖者,可到此先睹为快。

## 禹公矶

禹公矶在龟山东端。怪石嶙峋,直劈江水,与对岸黄鹤矶头锁江相望,形成长江中游的天然门户,有"天连吴蜀,地控荆襄,接洞庭之混茫,吞云梦之空阔"之势。相传"禹治水治山皆经此",此"为大禹治水成功之所",故改名"禹公矶",并建禹王祠。

## 长天楼

长天楼位于东湖风景区听涛区北,1956年兴建,总面积1775平方米。楼敞明亮,栏杆多趣,两端配以端直柱廊,通达左右方亭。全楼上下,可容纳千人同时就餐品茗。游人凭窗远眺,碧波万顷,欲接蓝天。大有"秋水共长天一色"之感慨,故以此得名。

## 归元禅寺

归元禅寺位于湖北省武汉市汉阳区归元寺路,由白光法师于1658年兴建。占地10公顷，有殿舍200余间，各类佛教经典7000余卷。归元禅寺属于曹洞宗，故称归元禅寺。归元禅寺又被称为"汉西一境"，是因其古树参天，花木繁茂的人文景致而得。同时还是武汉市佛教协会的所在地。它与宝通寺、正觉寺合称为武汉的四大丛林。

## 红楼（武昌起义纪念馆）

武昌起义纪念馆位于湖北省武汉市武昌蛇山南麓的阅马场北端，占地面积28亩，建筑面积6000多平方米，是国家4A级旅游景区。纪念馆主体建筑为二层红色楼房，因此又称"红楼"。1911年10月10日，武昌起义成功后，革命党人进驻这里，成立了中华民国军政府鄂军都督府，发布了第一号布告，宣布废除清廷封建君主专制，建立中华民国，结束了中国2000多年的封建君主专制制度。这里珍藏着大量文物和文字、照片资料。2017年5月18日，晋级第三批国家一级博物馆。

## 无影塔

无影塔，位于湖北省武汉市洪山宝通禅寺西侧，原名兴福寺塔，传说夏至正午时分，此塔无影，故称"无影塔"。又因它比附近灵济塔小得多，所以也称"小塔"。2013年5月，入选全国重点文物保护单位。

## 洪山宝塔

洪山宝塔，坐落于武昌洪山之巅，为纪念开山祖师灵济慈忍大师所建，塔高45.6米，砖石仿木结构，7层8面，每层都有佛龛和佛像，塔内还保存着许多古代的碑刻和题字，站在塔顶可以俯瞰武汉三镇的美景。

# 名山胜水
## TOP 10

## 木兰山

荆楚名岳木兰山，因木兰将军而得名，海拔582.1米，方圆78平方公里，远远望去，就像一头雄狮伏卧在美丽的滠水河畔。古朴雄奇的寺庙建筑，嶙峋异状的地质奇观，姹紫嫣红的奇花异草，萦绕如带的清溪碧流，苍茫浩渺的云涛雾海，翠染千峰的造化之工，构成了"黄陂八景"中最负盛名的独特景观——"木兰耸翠"，被明代诗人屠达誉为"西陵最胜，盖三楚之奇观"。

## 龟山

龟山或鲁山。古时，此山名为翼际山。位于武汉市汉阳城北，为武汉市名胜古迹较多的三山之一。龟山风景区在历史上就是有名的游览胜地。龟山前临大江，北带汉水，西背月湖，南濒莲花湖，威武盘踞，和武昌蛇山夹江对峙，地势十分险峻。龟山以山上留下的诸多名胜古迹而著名。

## 蛇山

蛇山位于湖北省武汉市武昌区长江东岸边。蛇山又名黄鹄山，绵亘蜿蜒，形如伏蛇，头临大江，尾插闹市。与汉阳龟山隔江相望，武汉长江大桥的东岸和汉阳龟山的西岸为一桥飞架的南北交点。蛇山长约1790

米，海拔85米，宽25～30米，山上古迹甚多，名胜也不少，均呈斜陡长狭形，地势十分险要。在长约2千米的山上，历代建有众多的名胜古迹，驰名的楼阁亭台有20多处，历代名人崔颢、孟浩然、李白、王维、陆游等，均先后登临游赏，吟诗作赋，留下"寒花媚幽石，疏林带高阁""桃花深处暖云浮，隔树红妆倚翠楼"等名句。

## 珞珈山

珞珈山位于湖北省武汉市武昌中部，东湖西南岸边，由十几座相连的小山组成，中国著名的高等学府武汉大学就坐落在此。珞珈山海拔118.5米，为东湖南岸临湖最高峰，山顶可远眺东湖全景和武汉景色。珞珈山属亚热带湿润季风气候，四季明显，植物茂盛，大部分植物由国立武汉大学引种。珞珈山名副其实遍地是名胜，现有周恩来故居，郭沫若、郁达夫、蒋介石别墅。

## 东湖

东湖因位于湖北省武汉市武昌东部，故此得名，现为中国水域面积广阔的城中湖之一，水域面积达33平方公里，是杭州西湖的6倍。自古以来，东湖就是游览胜地。屈原在东湖"泽畔行吟"，楚庄王在东湖击鼓督战；三国时期，刘备在东湖磨山设坛祭天。

## 沙湖

沙湖位于湖北省武汉市武昌东北部，东邻中北路，南至小龟山，西抵武昌至大冶的铁路线，北达徐东路。清末修筑的粤汉铁路穿湖而过，路西为小沙湖，又名内沙湖，现已近乎湮没；路东为大沙湖，又名外沙湖，即现在的沙湖。

## 墨水湖

墨水湖，位于湖北省武汉市归元禅寺以西，汉阳大道以南，由龙阳湖、太子湖等十几座大小湖泊汇集而成。古时曾是汉阳十景之一，即"平塘古渡"。属汉阳东湖水系中的浅水湖泊。据传说，古代有个秀才住在湖边，每日勤奋著书写字，常到此洗笔（也有说是五代十国时期，昭明太子写《昭明文选》后，在湖内洗笔），而把湖水染黑，致湖色墨黑而得名。

## 梅子山

汉阳梅子山，位于汉阳城区中北部，东距龟山约1公里，南近琴台路，北临月湖，山体东西长800米，南北宽约100米，面积84130平方米，海拔84.06米。史料载："其山多梅"，故名"梅子山"。

## 古门山

古门山景区位于武汉木兰生态旅游区的姚家集镇境内。古门山是武汉境内海拔最高的山，总面积6600亩，距武汉中心城区约75公里，是继木兰山、木兰湖、木兰天池三大景区建设之后，于2003年开发的景区。

## 梁子湖

梁子湖是镶嵌在江汉冲积平原东南边缘上的一颗璀璨明珠，全湖面积42万亩，武汉市江夏区域占三分之二以上，鄂州、咸宁占其余部分，流域面积3260平方公里，是湖北省蓄水量第一大、面积第一大的淡水湖，武汉城市圈的中心湖，也是亚洲湿地保护名录上保存最好的湿地保护区。

美食特产
TOP10

### 热干面

热干面居中国十大面条首位，是湖北武汉出名的小吃之一，有多种做法。其色泽黄而油润，味道鲜美，由于热量高，也可以当作主食，补充机体所需的能量。热干面是武汉人过早（武汉人将吃早餐叫作"过早"）的首选小吃，武汉人对它的感情，已无须多言。

### 精武鸭脖

精武鸭脖是湖北武汉最有名的传统小吃，因起源于汉口的精武路而得名。精武鸭脖是将川味卤方改进后用在鸭脖上，具有四川麻辣风味，香味扑鼻，口感刺激，鲜美无比，成为武汉人喜爱的名小吃。精武鸭脖在精武路一带就有十几家店，如今，精武鸭脖在全国各地随处可见，并且形成一些新的流派。

### 面窝

面窝，是武汉特有的小吃，通常只在早餐时间提供。面窝四周厚中间薄，呈凹状，武汉人不习惯叫它"面凹"，故而称其为"面窝"。面窝创始于清光绪年间。

## 三鲜豆皮

三鲜豆皮是湖北武汉人早点的主要食品之一，也是民间极具特色的地方传统小吃之一。三鲜豆皮由糯米和豆皮加工而成，以馅中有鲜肉、鲜蛋、鲜虾（或鲜菇和鲜笋）而得名。

最初三鲜豆皮是武汉人逢年过节时特制的节日佳肴，后来成为寻常早点。三鲜豆皮色泽金黄透亮，皮薄软润爽口，滋味鲜美，含有虾、菇、肉香。以其独特风味远近闻名。

## 武汉糯米鸡

糯米鸡是一种常见的武汉早点。炸好后的糯米鸡外表金黄，面凹凸不平，形如鸡皮，由此得名。糯米鸡是武汉人过早的常见小吃之一，任何有油炸点心的过早摊点一般都会有糯米鸡供应。因使用油炸的缘故，糯米鸡口感上外层焦脆，内里绵软有肉香。

## 欢喜坨

欢喜坨又称欢喜团、麻汤圆、麻鸡蛋，为湖北武汉、荆州、沔阳（今仙桃市）、天门、江陵等地的特色传统小吃。欢喜坨在武汉已有百余年历史，是将糯米粉滚成圆团，再裹上一层芝麻，炸熟后外脆内软，外焦里嫩，色泽鲜艳，咬一口，便会听到一声脆响，糖汁四溢，满嘴芝麻香。

## 麻烘糕

麻烘糕是湖北著名的地方传统糕类食品，有着悠久的历史。麻烘糕用料考究，制作精细，香甜松脆，质地优良。麻烘糕选用湖北应山县的上等糯米、黄梅县特有的黑芝麻、咸宁县特产桂花，配上精制绵白糖、小磨香油等优质原料，按传统生产工艺精制加工而成。

## 四季美汤包

四季美汤包是湖北武汉著名的小吃，属于苏式汤包。它也是坐落在汉口中山大道江汉路口附近的一家小吃店的店名，意为一年四季都有美食供应，如春炸春卷，夏卖冷食，秋炒毛蟹，冬打酥饼等。此店内售卖的汤包叫"四季美汤包"。

## 小桃园煨汤

小桃园煨汤位于汉口胜利街兰陵路口，"小桃园"本为"筱陶袁"，最初是由来自黄陂的陶、袁两姓的小贩在这里搭棚设摊，经营油条、豆浆之类的小吃，后来两家合作，经营煨汤。新中国成立后，以谐音"小桃园"为名，是著名的"煨汤专家"。武汉三镇的小桃园煨汤与老大兴鮰鱼、四季美汤包、老通城豆皮，并称为"武汉四大名吃"。武汉人爱喝汤，因此有"江汉川泽鱼虾美，瓦罐风味盖百家"之说。

## 武昌鱼

武昌鱼，产自鄂州市梁子湖，但也是武汉著名的美食特产，鱼头小体高，肉质细嫩，以其优美的体形、甘醇的味道和丰富的营养而闻名，无论是红烧还是清蒸都非常美味。

# 高等院校 TOP 10

## 武汉大学

　　武汉大学的历史溯源于1893年清末湖广总督张之洞奏请清政府创办的自强学堂，历经传承演变，1928年定名为国立武汉大学，是近代中国第一批国立综合性大学。1946年，学校已形成文、法、理、工、农、医6大学院并驾齐驱的办学格局。百余年的建设发展，奠定了武汉大学坚实的办学基础和卓著的学术声望。2000年8月2日，武汉大学与武汉水利电力大学、武汉测绘科技大学、湖北医科大学合并，发展成为学科门类齐全、师资力量雄厚、育人环境优美、在国内外有广泛影响的高等学府。武汉大学校园占地面积约373万平方米，建筑面积242万平方米。校园依山环湖，满园苍翠，桃红樱白，鸟语花香；古典式的建筑群古朴典雅，巍峨壮观；现代化的高楼拔地而起，气势雄伟。武汉大学环境优美，风景如画，是世界上最美丽的大学之一。

## 华中科技大学

　　华中科技大学是中华人民共和国教育部直属的全国重点大学，由原华中理工大学、原同济医科大学、原武汉城市建设学院和科技部干部管理学院于2000年5月26日合并成立。是涵盖理、工、医、文、管等多学科的综合性大学，是目前国内规模较大、水平一流的高等学府之一，是首批列入国家"211工程"重点建设的大学。华中科技大学校园总面积4平方千米。校园内树木葱茏，碧草如茵，环境幽雅，景色秀丽，是读书治学的理想园地。

## 华中师范大学

华中师范大学坐落在武昌南湖之滨的桂子山上，毗邻武汉东湖新技术开发区，占地面积1.33平方千米，是教育部直属重点综合性师范大学，是国家培养中、高等学校师资和其他高级专门人才的重要基地。学校具有悠久的历史，它是在1903年创办的文华大学（始于1871年创办的文华书院，1924年改名为华中大学）、1912年创办的中华大学、1949年创办的中原大学教育学院的基础上，于1951年组建公立华中大学，1952年改制为华中高等师范学校，1953年定名为华中师范学院，1985年学校更名为华中师范大学，并由中原大学创始人之一——邓小平同志亲笔题写校名。

## 华中农业大学

华中农业大学是一所以农科为优势，以生命科学为特色，农、理、工、文、法、经、管相结合的全国重点大学。校园位于武汉市南湖狮子山，占地面积4.95平方千米。校园三面环水，背靠青山，风景秀丽，环境幽雅，是理想的教学和科研园地。学校迄今已有127年的办学历史，是全国办学历史最长的高等农业院校，其前身是清朝光绪年间湖广总督张之洞于1898年创办的湖北农务学堂，是我国高等农业教育的重要起点之一。

## 中国地质大学（武汉校区）

中国地质大学是一所历经沧桑的大学。1952年，由北京大学地质学系、清华大学地学系、天津大学（原北洋大学）地质工程系和唐山铁道学院（现西南交通大学）采矿系地质组以及西北大学地质系合并成立了中国地质大学前身——北京地质学院。1970年学校外迁，出北京，过石门，渡丹江，下江陵，栖荆州，一路风尘，边选址边办学；1975年定址武汉，更名为武汉地质学院，边重建边办学。1987年成立中国地质大学，京、汉两地办学，总部在武汉。学校坐落于江城东湖之滨，毗邻国家级高新技术开发区和"武汉·中国光谷"，交通便利，环境幽雅。校园内绿树成荫，芳草萋萋，如诗如画，是学子求学的理想场所。

## 武汉科技大学

武汉科技大学是一所以理工科为主，医学、经济学、文学、管理学、法学等学科协调发展的综合性大学。武汉科技大学办学历史悠久，最早可以上溯到1898年清末湖广总督张之洞创办的湖北工艺学堂。1958年，学校开始设置本科。1995年5月，经原国家教委、原冶金工业部批准，由三所学校合并组建为武汉冶金科技大学。1999年4月28日，经教育部同意，湖北省人民政府批准，武汉冶金科技大学更名为"武汉科技大学"。

## 湖北大学

湖北大学是湖北省人民政府主管的一所重点综合性大学，已有94年的建校历史，是国务院首批批准的硕士学位授予单位。学校占地1000多亩，坐落在武汉市武昌沙湖之滨，毗邻国家重点高新技术工业园区之一的武汉东湖新技术开发区，校园内湖光辉映，四季常青，是读书治学的理想场所。湖北大学创办自1931年秋，国民政府教育部批准建立湖北省立教育学院，校长由创办人黄建中先生兼任，同年秋季正式招生。后学校几度易名，几度选址，先后经历国立湖北教育学院、湖北教育学院、湖北省教师进修学院、湖北师范专科学校、武汉师范专科学校、武汉师范学院，1984年改制为湖北大学。

## 中南财经政法大学

中南财经政法大学是教育部直属的一所以经济学、法学、管理学为主干，兼有哲学、文学、史学、理学、工学、艺术学等九大学科门类的普通高等学校，是国家"211工程"高校和"985工程优势学科创新平台"项目重点建设高校。由原隶属财政部的中南财经大学和原隶属司法部的中南政法学院合并组建而成。学校现有两个校区，首义校区位于历史悠久的黄鹤楼下，南湖校区位于风景秀丽的南湖湖畔。半个多世纪以来，学校先后为国家培养各层次学生近20万人，为我国社会主义现代化建设作出了重要贡献。

## 江汉大学

江汉大学是2001年10月经教育部批准，由原江汉大学、武汉职工医科大学、武汉教育学院、华中理工大学汉口分校四所大学合并组建而成，是武汉市委、市政府举全市之力兴建的一所综合性大学。学校本部坐落在武汉经济技术开发区三角湖畔，这里湖山环抱，水天一色，风景秀丽，幽雅宜人，是理想的学习园地。学校另在汉口和武昌设有两个校区，建筑面积46万平方米。

## 武汉理工大学

武汉理工大学是教育部直属全国重点大学，国家"211工程"重点建设高校。学校重视国际学术交流与合作，先后与德国、英国、日本、法国、美国、俄罗斯、意大利等国家和地区的100多所大学和科研机构建立了校际联系以及广泛的学术交流和科研合作关系。